6087.
Rxj.1.

Ⓒ

10910

Ye

CHANSONS

DE

P. J. DE BÉRANGER

PRÉCÉDÉES

D'UNE NOTICE SUR L'AUTEUR

ET

D'UN ESSAI SUR SES POÉSIES PAR M. P. F. TISSOT;

NOUVELLE ÉDITION

IMPRIMÉE PAR JULES DIDOT L'AINÉ.

Prospectus.

La France aime en Béranger le chantre de sa gloire, l'interprète de ses nobles douleurs et de ses hautes espérances. Il n'exista jamais, il ne put jamais exister en France, jusqu'à nos jours, un poëte aussi populaire que Béranger, c'est-à-dire un poëte en rapport intime, en harmonie parfaite avec les sentiments, les besoins et les vœux d'une grande nation. Les chansons de Béranger sont des entretiens avec la France. Aussi à peine laisse-t-il échapper quelque nouvelle inspiration, on

dirait qu'elle a des ailes, comme la Renommée, pour se répandre de ville en ville, de hameau en hameau; le chant récemment éclos de sa verve se répète presque en même temps sur les points les plus éloignés du royaume. Si ces rapports constants du pays avec Béranger le rendent sans cesse présent à la pensée des citoyens, ils contribuent aussi à renouveler sans cesse le vif intérêt que l'on prend à tout ce qui le touche. Survient-il quelque sujet de peine au poëte national, de toutes parts on lui prodigue les témoignages de la bienveillance et de l'attachement; c'est ce que nous avons vu éclater chaque jour pendant sa première captivité. Sa seconde condamnation, dont la durée cause tant de peine à ses amis qui craignent l'influence d'une longue détention sur une santé si chère, n'a point refroidi les cœurs envers lui. La France plaint Béranger, la France voudrait lui donner des consolations du cœur, les seules dont un tel caractère ait besoin; elle serait heureuse que ses vœux pussent rendre la liberté au chantre dont la muse a toujours paru prendre un nouvel essor avec le printemps.

Forts des nombreux témoignages de la faveur générale pour Béranger, nous avons résolu de publier une nouvelle édition des chansons de notre poëte national, et de ne rien négliger pour la rendre agréable au public, soit par la beauté des caractères et le choix du papier, soit par la perfection de l'exécution typographique et la commodité du format, mais sur-tout par des gravures dont les sujets sont empruntés au génie de l'écrivain. MM. *Adam*, *Bellangé*, *Boilly*, *Boulanger*, *Bonington*, *Charlet*, *Delacroix*, *A.* et *E. Deveria*, *Fragonard*, *Grenier*, *Gudin*, *Isabey*, *A.* et *T. Johannot*, *Henry Monnier*, *Roqueplan*, *Scheffer*, *Horace Vernet*, *Vigneron*, etc., ont réuni leurs efforts et disputé de talent dans les quarante-huit compositions que nous offrons au public.

En tête de l'édition paraîtra le portrait de Béranger, peint d'après nature par l'habile M. *Scheffer*, et reproduit avec succès par le burin de M. *Cousin*, jeune graveur de beaucoup de mérite. Ce portrait, le seul pour lequel Béranger ait consenti à poser, est d'une ressemblance parfaite.

CONDITIONS DE LA SOUSCRIPTION.

Cette édition formera 3 volumes grand in-18, ornés de 48 gravures, et sera publiée en 6 livraisons.

A partir du 20 mai, il paraîtra une livraison par semaine.

On peut souscrire séparément pour le texte ou pour les gravures.

PRIX :	fr.	c.
Chaque livraison de texte avec gravures................	4	50
D° texte seul.......................	2	25
D° gravures seules...................	3	
D° d° sur papier de Chine	4	50
D° d° papier blanc avant lettre	4	50
D° d° papier de Chine avant lettre	6	

Il a été tiré 50 exemplaires du texte sur papier vélin, dont le prix est double.

ON SOUSCRIT A PARIS, CHEZ LES ÉDITEURS

PERROTIN, RUE NEUVE-DES-MATHURINS (CH²ᵉ D'ANTIN), N° 54;
GUILLAUMIN, RUE NEUVE-DES-PETITS-CHAMPS, N° 61;
BIGOT, RUE DE VAUGIRARD, N° 36.

IMPRIMERIE DE JULES DIDOT L'AÎNÉ, RUE DU PONT-DE-LODI, N° 6.

CHANSONS
DE
P. J. DE BÉRANGER.

Etant seuls propriétaires de cet ouvrage, nous poursuivrons les contrefacteurs conformément aux lois.

P. G. B.

IMPRIMERIE DE JULES DIDOT L'AINÉ,
Rue du Pont-de-Lodi, n° 6.

CHANSONS
DE
P. J. DE BÉRANGER

PRÉCÉDÉES

D'UNE NOTICE SUR L'AUTEUR

ET

D'UN ESSAI SUR SES POÉSIES PAR M. P. F. TISSOT.

TOME I.

PARIS
CHEZ LES ÉDITEURS

PERROTIN, RUE N^{vᴱ}-DES-MATHURINS (CH. D'ANTIN), 5
GUILLAUMIN, RUE N^{vᴱ}-DES-PETITS-CHAMPS, 61;
BIGOT, RUE DE VAUGIRARD, 36.

1829.

NOTICE

SUR

P. J. DE BÉRANGER.

BÉRANGER (Pierre-Jean de) naquit à Paris, en 1780, d'une famille pauvre, et qui, comme il l'a dit lui-même dans une chanson fort piquante, ne doit à aucun titre chevaleresque le *de* qui précède son nom; Béranger lui a acquis une illustration moins équivoque. Ce fut dans une imprimerie qu'il passa les premières années de sa jeunesse, et qu'il puisa les principes élémentaires de l'éducation. Entraîné vers la poésie par l'irrésistible puissance de son génie, il étudia les règles de la versification, et s'adonna entièrement au genre lyrique, dans lequel il s'est créé une impérissable renommée. Dès 1804 Lucien Bonaparte reconnut dans les essais de Béranger un poëte digne de sa protection; mais, forcé bientôt après de s'éloigner de la France, il ne put rendre cette protection efficace. Lors de l'organisation de l'université, le modeste Béranger y remplit un emploi de peu d'importance : comme tous les hommes supérieurs, il ne chercha jamais les avantages sociaux que sa célébrité devait lui attirer, et la gloire alla le chercher dans un rang obscur. Il refusa pendant les cent jours les fonctions de censeur : les émoluments considérables attachés à cet emploi ne cachèrent point aux yeux de Béranger ce qu'il a d'infamant. Quoique ses chansons eussent depuis long-temps une réputation européenne, un très petit nombre de ces ravissantes compositions avait été imprimé en 1820. A cette époque leur publication eut un succès immense : mais la congrégation, qui préludait alors aux triomphes qu'elle a depuis obtenus, fut scandalisée, et obtint un acte d'accusation contre l'Anacréon de la vieille gloire française; Béranger fut condamné à quelques mois de prison. Depuis ce temps son caractère et son talent ne se sont pas démentis. Voici comment M. Jouy, dans son *Essai sur la poésie légère*, caractérise les ouvrages de Béranger, qui, suivant M. Benjamin Constant, *fait des odes sublimes en ne croyant faire que des chansons*: « Un poëte doué de la grace et de « la finesse d'Horace, d'un esprit à-la-fois philosophique

« et satirique, d'une ame vive et tendre, d'un caractère
« qui sympathise avec toutes les gloires, avec tous les
« maux de son pays, s'assied, la lyre en main, sur le
« tombeau des braves, et fait répéter à la France en deuil
« les plaintes harmonieuses qu'il exhale dans des chants
« sans rivaux et sans modèles : j'ai nommé Béranger.
« Poëte national, il a créé parmi nous ce genre de chan-
« sons, et s'est fait une gloire à part dans toutes les au-
« tres. Par un talent, ou plutôt par un charme qu'il a
« seul possédé, il a su rassembler dans des poëmes ly-
« riques de la plus petite proportion la grace antique et
« la saillie moderne, la poésie philosophique et le trait
« de l'épigramme, la gaieté la plus vive et la sensibilité
« la plus profonde, en un mot tout ce que l'art a de plus
« raffiné, et tout ce que la nature a de plus aimable. »

Les nouveaux éditeurs des Chansons de Béranger croient devoir ajouter à cette notice, empruntée à la Biographie des Contemporains, *un fragment du plaidoyer de M. Berville lors du procès fait à l'auteur pour la publication des pièces de son premier procès, et la péroraison du plaidoyer de M. Barthe dans le dernier procès que Béranger vient d'avoir à soutenir.*

FRAGMENT DU PLAIDOYER DE M. BERVILLE.

« Littérateur aussi distingué par ses talents que par ses qualités morales, c'est de tous les écrivains de cette époque celui qui peut-être a fait faire le plus de progrès au genre qu'il a cultivé; poëte ingénieux, philosophe aimable, portant la pauvreté avec noblesse, et la célébrité avec modestie... Dites-moi, n'y a-t-il pas quelque chose de barbare à tourmenter ces hommes d'élite à qui nous devons tant de plaisirs, à qui la France devra peut-être quelque gloire? N'est-ce pas une espèce de sacrilège de les harceler par des persécutions, de troubler leurs loisirs si fertiles, de fatiguer leur existence, de flétrir leur génie? Mieux inspirés que nous, les anciens révéraient les bons poëtes; ils les nommaient des hommes divins; ils les regardaient comme des êtres sacrés; ils dévouaient aux furies quiconque osait offenser ces favoris des dieux. Si Platon, plus austère, bannissait les poëtes de sa république, il ne les envoyait point en prison; il les couronnait de roses, et les reconduisait à la frontière aux sons d'une musique harmonieuse: on ne pouvait donner un congé d'une manière plus aimable. Jusque dans ses sévérités Platon respectait les dons brillants de la nature dans ceux qu'elle en avait favorisés. Et nous aussi, messieurs, respectons-les ces hommes précieux; respectons-les, car la nature en est avare; respectons-les, car ils sont la fleur de leur siècle et l'honneur de leur patrie; respectons-les, car ils sont les rois de l'avenir : ils disposent de la postérité, et la postérité prendra parti pour eux. Elle n'a point pardonné cette postérité à Auguste l'exil d'Ovide, à Louis XIV lui-même la disgrace homicide de Racine; elle a flétri d'un éternel opprobre la main qui donna des fers au chantre d'Armide. Un jour aussi cette postérité s'informera comment la France a traité son poëte, quels honneurs ont été rendus, quelles récompenses accordées, quelles couronnes décernées au rival d'Anacréon. Quelle sera la réponse ! »

PÉRORAISON DU PLAIDOYER DE M. BARTHE.

« Messieurs, vous n'oublierez pas qu'en jugeant le poëme vous jugez aussi l'homme; que vous jugez Béranger; et c'est sur-tout sous ce rapport que ma cause est belle. Je le demande, quel est le Français qui voudrait briser le moule de l'auteur du *Dieu des bonnes gens*, qui voudrait anéantir ses écrits ou les condamner à l'oubli? J'aurais tort, il est vrai, d'exprimer devant vous ce que j'éprouve moi-même d'estime et d'affection pour un caractère qui m'est si bien connu. Désintéressé, sans ambition, son génie n'a pas même rêvé l'Académie; il n'a jamais spéculé ni sur son talent ni sur l'intérêt qu'il inspirait; et quoique son cœur ne craigne pas le fardeau de la reconnaissance, il a pu refuser les offres de l'opulence, alors même qu'elles étaient dictées par la plus tendre amitié. Sachant dérober aux muses le temps que beaucoup d'infortunes ont réclamé, et qu'elles n'ont pas réclamé en vain, il a pu faire dire à son ame :

> Utile au pauvre, au riche sachant plaire,
> Pour nourrir l'un chez l'autre je quêtais ;
> J'ai fait du bien, puisque j'en ai fait faire.
> Ah! mon ame, je m'en doutais.

« Il est vrai que sa muse fière et indépendante, dans ses inspirations patriotiques, a traité souvent le pouvoir sans indulgence. Messieurs, je ne pense pas que le génie ait été jeté au hasard sur la terre, et sans avoir une destination. Béranger a aussi la sienne; il vous l'a dit: *Je suis chansonnier*. Fronder les abus, les vices, les ridicules; faire chérir la tolérance, la véritable charité, la liberté, la patrie, voilà sa mission. S'il a signalé ce qui lui a paru dangereux, toutes les infortunes l'ont trouvé fidèle ; c'est pour lui sur-tout que le malheur a été sacré.

« On l'a accusé de bonapartisme. Messieurs, lorsque le colosse était encore debout, et avant que le sénat eût parlé, Béranger avait, dans son *Roi d'Yvetot,* critiqué cette terrible et longue guerre, qui aurait pu engloutir la France avec le chef de ses soldats. Béranger n'est certes pas un partisan des tyrannies de l'empire. Mais quand il a vu le lion renversé, insulté par ceux-là même qui rampaient à ses pieds, les vicissitudes de cette grande destinée ont ému son ame; une sorte d'intérêt poétique s'est emparé de lui; et il a déposé une fleur sur la tombe de celui qui, pendant sa puissance, n'avait obtenu de lui qu'une critique.

« On a parlé, messieurs, de la grandeur actuelle de la France, de l'accroissement progressif de ses libertés; on vous a parlé de nos armées s'illustrant en ce moment même sur le territoire de Grèce pour une cause sacrée. Messieurs, j'ai cru à chaque mot du ministère public entendre l'éloge de Béranger. L'agrandissement progressif de nos libertés! ah! j'en appelle à toutes les consciences, est-il étranger à ces progrès de la civilisation, à ces agrandissements de nos libertés, le poëte qui a chanté le *Dieu des bonnes gens,* qui a flétri l'intolérance, et poursuivi de ses vers vengeurs tous les ennemis de ces libertés et de cette civilisation?

« Vous avez parlé de la Grèce! quels vers, plus que ceux de Béranger, ont rendu chère aux nations la cause de la Grèce moderne; les massacres de Psara, la délivrance d'Athènes, l'ombre d'Anacréon évoquée et récitant une poésie digne d'Anacréon lui-même! Mais que dis-je? au moment même où il comparaît ici en police correctionnelle, où sa liberté est menacée, une sentinelle, dans les forteresses de la Morée, répète peut-être et son nom et ses vers pour exciter ses compagnons d'armes à la défense d'une si belle cause.

« Mais il est un autre titre qui le recommande à tous les hommes généreux. De tous les sentiments, celui qui honore le plus les nations à leurs propres yeux, aux yeux de l'étranger, c'est le patriotisme, c'est l'amour du pays, la haine de l'invasion étrangère, l'amour des gloires de la patrie. C'est à faire naître, à réchauffer ce noble sentiment, que notre poëte excelle. Oui, l'amour de la patrie, l'amour de la France, voilà ce qui, dans ses vers, au milieu des banquets, ou des rêveries de la solitude, a fait battre le cœur de ses concitoyens; voilà ce qui a fait son immense popularité. En quelque lieu qu'il se présente en France, il est sûr de trouver des admirateurs, des amis. O vous, messieurs, qui devez représenter le pays, ne dites pas au roi qu'un tel homme n'a pour lui que des injures; ne dites pas au poëte que les autres nations nous envient que la France n'a pour lui qu'une prison. Je compte sur son absolution. »

SUR

LES POÉSIES DE BÉRANGER,

PAR P. F. TISSOT[1].

Panard s'enivrait et s'endormait à table; mais le vin et le sommeil lui donnaient des inspirations; et, si on l'éveillait pour lui demander des couplets, il en produisait de charmants, comme un arbre dont nous agitons les branches laisse tomber les fruits mûrs qu'il porte dans la saison de sa fécondité. Bacchus et Comus servent aussi d'Apollon à un épicurien qui n'est pas sans ressemblance avec le La Fontaine de la chanson. Supprimez les bons repas à Désaugiers, vous supprimerez sa muse; le jour où les tonneaux de Champagne ou de Bourgogne seraient réduits pour elle à la lie, vous la verriez sortir de la maison de son hôte comme les amis

[1] Ce morceau fut publié en 1823.

et la courtisane infidèle dont parle Horace. Le vin ne fait pas ainsi le génie de Béranger; convive délicat, il s'humecte à petits coups[1], et ne trouve pas ses vers à force de rasades.

Quand Béranger chante sur le ton de Panard, vous ne voyez point en lui cet abandon de l'ivresse qui est une espèce de muse pour quelques hommes; mais sa franche gaieté éclate sous la direction cachée d'une raison qui ne sommeille jamais. Cette raison habite plus haut que celle de Panard; l'horizon des idées s'est beaucoup étendu devant elle, et ses tableaux tiennent de la grandeur des sujets dont ils nous représentent l'image. Ainsi deux seuls couplets de la chanson intitulée *le Nouveau Diogène* suffisent pour nous apprendre que la Liberté est venue visiter la France, et qu'il existe un congrès de rois qui, au lieu de se faire représenter par des ministres, ont voulu régler eux-mêmes les destinées de l'Europe. Puisque j'ai prononcé le nom de Diogène, je ne dois pas taire que j'ai cru voir en notre Béranger quelque chose de ce philosophe orgueilleux de sa pauvreté indépendante et occupé pendant toute sa vie à regarder dans le cœur de l'homme. Aussi les plus fortes

---

[1] On trouve dans ce recueil une chanson qui a pour titre *les Petits Coups*. C'est tout un code de philosophie à la manière d'Horace.

saillies de Béranger sont encore des peintures de mœurs. Dans ce nombre on peut compter *le Sénateur*, qui dérida le front de Napoléon lui-même au temps de ses plus grands embarras.

Toutefois la gaieté de Béranger ressemble au comique de Molière, souvent très sérieux quand il nous fait rire de nous-mêmes et des autres ; mais, comme le contemplateur, il a pensé au peuple et à tant de gens comme il faut, qui sont peuple aussi. *Le petit Homme gris, la Mère aveugle, le Voisin*, sont des farces qu'il donne après de bonnes comédies. Le rigorisme y a repris des traits qui ne sont pas exempts de quelque licence ; mais la cour de Louis XIV a permis à Molière bien des choses que notre pruderie de nouvelle date repousserait aujourd'hui, sans qu'on pût inférer justement de ces scrupules que nos mœurs fussent préférables à celles de nos devanciers. Disons cependant à Béranger qu'il ne lui est presque plus permis de faire des couplets grivois ou des chansons de table, à moins qu'il ne les réserve pour chasser quelque maladie noire dont un ami se trouverait attaqué. Nous lui passerons encore quelques boutades, pourvu qu'elles soient des remèdes efficaces, comme la gaieté de ce Carlin de la Comédie italienne qui guérissait du spleen.

Béranger laisserait encore un nom, même quand il ne serait que le rival des Panard et des Colé; mais il y a plus en lui qu'un membre de cet ancien caveau, si bien surnommé l'Académie du plaisir par M. Étienne. Béranger est un poëte choisi pour ressusciter l'ode grecque et rétablir l'antique accord du chant avec la langue des dieux. Il est venu rendre populaires, par le secours de la musique, des compositions qui auraient pu rester renfermées dans le cercle étroit des premières classes de la société. Sous ce rapport Béranger a rendu un service à la littérature, à la poésie, à la raison, et beaucoup fait pour sa gloire. Les noms qui passent à la postérité par l'entremise d'un peuple ne meurent jamais.

En revenant aux exemples des anciens, Béranger ne porte aucune entrave; il a même poussé plus loin qu'eux la liberté de prendre tous les tons, soit pour éviter l'uniformité, soit pour mieux représenter la nature, dans laquelle une scène du genre le plus élevé touche à une scène familière. C'est ainsi que vous lirez *l'Opinion* et *la Complainte de ces Demoiselles* auprès de l'ode intitulée *mon Ame*, qui ressemble à un hymne de Simonide. Ici la raison elle-même ordonne de pardonner des choses dont la pudeur s'alarme, parceque sans elles la littérature manquerait de l'une des plus utiles censures d'un grand scandale qui devait être puni par un poëte citoyen. Observons que le ton plaisant pouvait seul permettre les libertés dont le sujet avait besoin pour produire l'effet desiré. La leçon était sanglante, et cependant elle ne parut pas odieuse comme certains traits d'Aristophane, parceque la satire de Béranger ressemble à celle de La Fontaine : en effet on sent de la bonhomie jusque dans ses plus grandes colères.

Au reste, si l'on pouvait en vouloir un moment à Béranger, on ne lui garderait pas long-temps rancune en voyant combien les affections douces et tendres dominent dans ses compositions. Si j'ouvre Anacréon, je trouve un homme occupé de lui seul, qui ne pense qu'à sa coupe ou à sa maîtresse. Il y a toujours un ami en tiers dans les plaisirs de Béranger ; l'amitié est sans cesse auprès de lui pour recevoir ces confidences de l'amour qui ont tant de prix pour les cœurs sensibles. Qu'un ami de Béranger tombe dans le malheur, il obtiendra du poëte des tributs que la puissance et la richesse essaieraient en vain de payer au poids de l'or et des honneurs. « Je n'ai jamais flatté que l'infortune » est la devise de Béranger ; il ignore sur-tout comment on supprime l'éloge de Gallus.

Les élégantes compositions, les vers polis d'Horace,

les brillantes descriptions de Properce, les tendres supplications de Tibulle, nous inspirent fort peu d'intérêt pour les femmes dont ils ont porté les chaînes : personne n'envie le sort des amants de Pyrrha, de Cinthie, et de Némésis; mais *la Lisette* de Béranger, simple, tendre, sensible, et pourtant friponne, a un charme particulier : on croit au bonheur de son poëte. Et puis comme il lui parle d'amour ! Tantôt c'est l'accent de Parny qui invite Éléonore à venir habiter les champs ; tantôt c'est le ton de Voltaire dans l'épître des *Tu* et des *Vous*; ailleurs on dirait de Chaulieu devenu plus sensible, mêlant la gaieté d'un convive heureux à des souvenirs politiques, et baissant ensuite humblement la tête sous le joug présenté par sa maîtresse. Ce dernier trait rappelle la chanson qui a pour titre *la République* ; chanson pleine de grace et d'originalité, qui contient sous des formes légères des allusions aux plus grands évènements du siècle.

Par une certaine habitude de mélancolie qui fait le charme de son talent, Béranger aime à devancer le cours des ans et à jeter ses regards au-delà des bornes de sa vie. Ce retour triste et doux sur un passé qui est encore du présent lui a inspiré *le bon Vieillard*, la plus pure peut-être de ses compositions. Les souvenirs, les sentiments, les espérances, les délicatesses du cœur, l'amour sacré de la patrie, font de cette ode une pièce achevée, dont il n'y a de modèle ni dans l'antiquité ni chez les modernes : on ne peut la lire sans répandre des larmes. A l'exemple de Tibulle, Parny a interrompu les transports d'une passion fortunée pour chanter sa mort; Béranger, non moins touchant, adresse en quelque sorte ses dernières volontés à sa maîtresse. Encore jeune et jolie, il en fait une bonne vieille qui pleure son ami. L'esprit adopte avec plaisir cette fiction attendrissante; mais comme l'intérêt s'élève et sort du cercle étroit des choses personnelles quand le poëte termine ses adieux en reportant notre pensée sur les malheurs de la patrie et l'espérance de l'immortalité!

Béranger n'affecte pas tel ou tel état de l'ame pour complaire à son talent; il cède à ses impressions, et ses ouvrages en portent l'empreinte. Triste aujourd'hui, il fait une ode élégiaque comme celle d'Horace sur la mort de Quintilius; demain le ciel sourit, son imagination prend les riantes couleurs de l'horizon, et enfante des rêves de bonheur. Alors il invente, il compose, il écrit à la manière des Grecs, sans penser à imiter personne. Que sont *les Souhaits* tant vantés d'Anacréon auprès de la chanson du *Petit Oiseau*, où le sourire est toujours près des larmes? C'est le même genre de mérite qui donne tant de prix à *l'Aveugle de Bagnolet*, le Bélisaire de la chanson. On retrouve encore la teinte d'une douce sensibilité dans la chanson si originale des *Étoiles qui filent*, et dans la pièce intitulée *ma Lampe*, l'un des éloges les plus heureux et les plus délicats que le talent ait jamais inspirés au talent. Mais Béranger ne chante pas long-temps sur le même ton; tout-à-coup il nous réveille par de piquantes peintures de mœurs, par des portraits ressemblants qui étincellent de verve, de raison, et de gaieté : témoin *le Marquis de Carabas*, qui a couru toute la France, *le Prince de Navarre*, et *le Vilain*, auxquels il oppose *la Vivandière*, création neuve et propre à éterniser de race en race le souvenir de la gloire des armes françaises. Béranger diffère de tous ceux qui l'ont précédé; ses plaisanteries sont des choses sérieuses, et présentent parfois des traits sublimes sous une forme familière qui les grave dans le cœur du peuple. Cet artifice de cacher de grandes pensées sous un langage plaisant et simple fait le mérite de la chanson du *Roi d'Yvetot*, qui était encore une action méritoire. L'Europe était muette devant Napoléon à la tête d'un million de soldats; un simple citoyen sans appui, caché dans l'ombre d'un bureau où il occupait une place nécessaire à son existence, osa faire, dans un apologue charmant, la censure du règne entier d'un conquérant.

Quelquefois Béranger sort de son siècle, et c'est pour nous offrir, dans une pièce vraiment lyrique, l'image de Louis XI semblable à un pâle fantôme et cherchant à retrouver un sourire dans le spectacle du bonheur des villageois. Cette chanson, ou plutôt cette ode, d'une forme et d'un ton inconnus avant Béranger, commence ainsi :

> Heureux villageois, dansons;
> Sautez, fillettes
> Et garçons.
> Unissez vos joyeux sons,
> Musettes et chansons !

A ce couplet, qui revient sans cesse comme un refrain, succèdent ces admirables traits :

> Notre vieux roi, caché dans ces tourelles,
> Louis, dont nous parlons tout bas,
> Veut essayer, au temps des fleurs nouvelles,
> S'il peut sourire à nos ébats.
>
> Quand sur nos bords on rit, on chante, on aime,
> Louis se retient prisonnier;
> Il craint les grands, et le peuple, et Dieu même :
> Il craint sur-tout son héritier.

Malgré nos chants il se trouble, il frissonne :
    L'horloge a causé son effroi.
Ainsi toujours il prend l'heure qui sonne
    Pour le signal de son beffroi.

Je demande si le *Tibère* de Tacite est mieux peint et sur-tout mieux puni que le *Louis XI* de Béranger ; je demande si jamais personne a conçu un tableau plus effrayant et plus habilement contrasté. C'est ici qu'il faut remarquer que Béranger fait entrer tous les genres dans la chanson, comme La Fontaine les a tous introduits dans la fable. Il excelle sur-tout à trouver un cadre, à inventer une action où il jette ses personnages d'une manière dramatique. Le plus souvent il se met lui-même en scène, et cette nouvelle ressemblance avec le fabuliste ne lui réussit pas moins qu'au bon homme. Le *moi*, si déplaisant de sa nature, le *moi* qui impatiente quelquefois jusque dans Montaigne, malgré la grace et l'abandon de sa causerie philosophique, nous plaît dans La Fontaine et dans Béranger. Pourquoi faisons-nous en leur faveur cette exception à une règle générale et défendue par la susceptibilité de notre amour-propre ? parceque leur *moi* nous paraît exempt d'égoïsme, d'amertume, et de vanité : les confidences de ce *moi* si aimable dans leurs bouches sont de naïves révélations du cœur humain.

Toutes les affections légitimes, tous les sentiments généreux, le respect des lois, de l'humanité, la tolérance, la philosophie, la croyance d'un Être suprême, les sublimes épreuves de l'ame, éclatent dans les vers de Béranger comme elles règnent dans son cœur; mais une passion ardente paraît y dominer, c'est l'amour de la patrie. Cette passion est sa première muse; elle entre dans toutes ses compositions en se prêtant à toutes les métamorphoses que le sujet demande. Comment ne pas se sentir ému des adieux à la gloire de la France, exprimés dans la pièce qui a pour titre: *Plus de Politique?* Vit-on jamais de détour plus ingénieux que celui du poëte? Il a l'air d'abjurer la politique aux genoux de sa maîtresse, et ne cesse de l'entretenir des grandeurs, des exploits, et des revers de notre pays. L'amour de la patrie respire avec tout ce que le regret d'une séparation cruelle peut y ajouter de touchant, soit dans la chanson de *l'Exilé*, soit dans celle du *Champ d'asile*. La première excite de douces larmes; la seconde fait battre le cœur, et le pénètre de cette admiration que nous causent le souvenir des grandes choses et les hautes inspirations. Mais il fallait qu'une révolution eût lieu, qu'un empire fût créé, que la France devînt la maîtresse du continent, qu'elle tombât du faîte de la gloire, que quelques uns de ses défenseurs se vissent condamnés à l'exil, que des Européens allassent demander asile à des Sauvages, pour que cette composition pût exister. C'est bien là le cas de dire: « Que de choses dans une chanson! »

Une autre ode du poëte national commence par cette invocation que l'on ne trouve dans aucun poëte d'Athènes déchue du sceptre de la Grèce, mais grande encore par le génie, l'éloquence, et les arts :

> Reine du monde, ô France! ô ma patrie!
> Souléve enfin ton front cicatrisé.
> Sans qu'à tes yeux leur gloire en soit flétrie,
> De tes enfants l'étendard s'est brisé.
> Quand la fortune outrageait leur vaillance,
> Quand de tes mains tombait ton sceptre d'or,
>   Tes ennemis disaient encor :
>   Honneur aux enfants de la France!

Le Cinq Mai me paraît une chanson de génie; elle honore le talent et le cœur du poëte. Rien de plus heureusement inventé que l'opposition de ce grand débris de la fortune, solitaire et mourant sur le rocher de Sainte-Hélène, avec un pauvre soldat qui reverra du moins la France, où la main d'un fils lui fermera les yeux; mais ce qu'il faut sur-tout louer dans le poëte c'est que son tribut de regrets à un homme extraordinaire et tombé de si haut devienne à tout moment le sujet d'un chant pour la patrie.

Dans une autre ode, quelquefois sublime, le poëte, parlant à son ame prête à partir pour le séjour de l'immortalité, chante encore la gloire de la France dont il va rejoindre les héros. Quelle haute inspiration dans cette strophe !

> Cherchez au-dessus des orages
> Tant de guerriers morts à propos,
> Qui, se dérobant aux outrages,
> Ont au ciel porté leurs drapeaux.
> Pour conjurer la foudre qu'on irrite,
> Unissez-vous tous à ces demi-dieux :
> Ah ! sans regret, mon ame, partez vite ;
> En souriant remontez dans les cieux.

On trouve aussi dans *la Sainte-Alliance des peuples* un hommage à la France et à toutes les familles du genre humain, que le poëte veut réconcilier aux accords de sa lyre, et rallier au nom de cette paix universelle, le rêve d'une belle ame. Ni l'antiquité ni les modernes, jusqu'à notre époque, n'auraient pu concevoir cette création, qui appartient tout entière à des idées et à des évènements d'un ordre nouveau dans le monde. L'auteur fait descendre la Paix sur la terre pour conseiller au peuple le traité d'une éternelle amitié. Après de sages réflexions sur les maux que la guerre cause à l'humanité, la déesse s'exprime ainsi :

> « Oui, libre enfin, que le monde respire;
> Sur le passé jetez un voile épais.
> Semez vos champs aux accords de la lyre;
> L'encens des arts doit briller pour la Paix.
> L'espoir riant, au sein de l'abondance,
> Accueillera les doux fruits de l'hymen.
> Peuples, formez une Sainte-Alliance,
>   Et donnons-nous la main. »
>
> Ainsi parlait cette vierge adorée,
> Et plus d'un roi répétait ses discours :
> Comme au printemps la terre était parée,
> L'automne en fleurs rappelait les amours.
> Pour l'étranger coulez, bons vins de France :
> De sa frontière il reprend le chemin.
> Peuples, formons une Sainte-Alliance,
>   Et donnons-nous la main.

Tel est Béranger, tel est le poëte dont je songeais depuis long-temps à caractériser les productions : sa réputation n'avait pas besoin de mon secours ; mais il était peut-être utile de signaler à l'attention des amis de la littérature un homme qui s'est ouvert une route nouvelle, un écrivain indépendant de tout autre joug que celui de la raison, original sans étrangeté, éminemment Français sans être l'imitateur d'aucun écrivain de son pays, rempli d'inspirations heureuses qu'il féconde par la méditation, et faisant difficilement des vers faciles. J'ai encore voulu rappeler aux écrivains, par l'exemple de Béranger, qu'il faut absolument être de son siècle pour obtenir des succès durables et populaires, et que vouloir faire reculer la raison humaine par des productions marquées au cachet des temps, des erreurs et des préjugés qui ont péri sans retour, serait compromettre toutes les nobles espérances du talent. Les jeunes poëtes pourront encore apprendre dans Béranger que le défaut de variété nuit à nos odes, à toutes nos pièces du genre sublime ou sérieux : une fois élevés dans les airs, nous y voulons toujours rester, et les yeux se fatiguent à nous suivre. Semblables au cygne d'Ismène, nous ne savons pas descendre du ciel; nous semblons oublier qu'Horace, qui s'élève parfois aussi haut que Pindare, sait abaisser son vol, et ne paraît que plus grand lorsque, avec une modestie pleine de grace, il se compare à l'abeille errante parmi les fleurs des bosquets de Tivoli.

Uniquement occupé de considérations littéraires, n'ayant voulu encourir aucune censure, réveiller aucune passion, ni blesser une seule convenance, nous avons omis à dessein un certain nombre de chansons de Béranger qui auraient pu donner lieu à quelques remarques utiles peut-être. Il nous suffit d'avoir essayé de peindre un des premiers poëtes de notre époque. La critique nous demandera si ce poëte est sans reproches. Non, sans doute; mais ses défauts ne sont pas de nature à devenir contagieux, tandis que ses beautés peuvent en produire d'autres et féconder le génie de ses successeurs. Rien ne nous ordonne d'agir avec un écrivain naturel et vrai comme envers un brillant corrupteur du goût et du bon sens. Dispensons-nous donc du soin de remarquer dans Béranger des taches que la critique n'aura pas manqué de découvrir avec ses yeux de lynx, plus habile à voir les fautes que les perfections, et réservons-nous le droit de répéter en confidence, à l'oreille de l'amitié, ces conseils du cœur que le talent reçoit toujours avec reconnaissance.

PRÉFACE.

NOVEMBRE 1815.

Pourquoi les libraires ne cessent-ils de vouloir des préfaces, et pourquoi les lecteurs ont-ils cessé de les lire? On agite tous les jours, dans de graves assemblées, une foule de questions bien moins importantes que celle-ci, et je me propose de la résoudre dans un ouvrage en 3 volumes in-8°, qui, si l'on en permet la publication, pourra amener la réforme de plusieurs abus très dangereux. Forcé en attendant de me conformer à l'usage, je me creusais la tête depuis un mois pour trouver le moyen de dire au public, qui ne s'en soucie guère, qu'ayant fait des chansons je prends le parti de les faire imprimer. Le Bourgeois-Gentilhomme, embrouillant son compliment à la belle comtesse, est moins embarrassé que je ne l'étais. J'appelais mes amis à mon aide; et l'un d'eux profond érudit, vint il y a quelques jours m'offrir, pour mettre en tête de mon recueil, une dissertation qu'il trouve excellente, et dans laquelle il prouve que les *flonflons*, les *fariradondé*, les *tourelouribo*, et tant d'autres refrains qui ont eu le privilége de charmer nos pères, dérivent du grec et de l'hébreu. Quoique je sois ignorant comme un chansonnier, j'aime beaucoup les traits d'érudition. Enchanté de cette dissertation, je me préparais à en faire mon profit, ou plutôt celui du libraire, lorsqu'un autre de mes amis, car j'ai beaucoup d'amis (c'est ce qu'il est bon de consigner ici, attendu que les journaux pourront faire croire le contraire); lorsque, dis-je, un de mes amis, homme de plaisir et de bon sens, m'apporta d'un air empressé un chiffon de papier trouvé dans le fond d'un vieux secrétaire.

C'est de l'écriture de Collé! me dit-il du plus loin qu'il m'aperçut. « J'ai confronté ce fragment « avec le manuscrit des Mémoires du premier de « nos chansonniers, et je vous en garantis l'au- « thenticité. Vous verrez en lisant pourquoi il n'a « pas trouvé place dans ces Mémoires, qui ne

« contiennent pas toujours des choses aussi rai-
« sonnables. »

Je ne me le fis pas dire deux fois; et je lus avec la plus grande attention ce morceau, dont le fond des idées me séduisit tellement que d'abord je ne m'aperçus pas que le style pouvait faire douter un peu que Collé en fût l'auteur.

Malgré toutes les observations de mon ami le savant, qui tenait à ce que j'adoptasse sa dissertation, je fis sur-le-champ le projet de me servir pour ma préface de ce legs que le hasard me procurait dans l'héritage d'un homme qui n'a laissé que des collatéraux.

Ceux qui trouveront ce petit dialogue indigne de Collé pourront s'en prendre à l'ami qui me l'a fourni, et qui m'a assuré devoir en déposer le manuscrit chez un notaire, pour le soumettre à la confrontation des incrédules. Ces précautions prises, je le transcris ici en toute sûreté de conscience.

CONVERSATION

ENTRE MON CENSEUR ET MOI.

15 JANVIER 1768.

(Je prends la liberté de substituer le nom de Collé au *moi* qui se trouve dans tout le dialogue.)

LE CENSEUR.

Voici, monsieur, mon approbation pour votre Théâtre de Société. Il contient des ouvrages charmants.

COLLÉ.

Et mes chansons, monsieur, mes chansons, comment les avez-vous traitées?

LE CENSEUR.

Vous me trouverez sévère. Mais je ne puis vous dissimuler que le choix ne m'en paraît pas sagement fait.

COLLÉ.

Connaîtriez-vous quelque bonne chanson que j'aurais omise?

LE CENSEUR.

J'ai été au contraire forcé d'indiquer la suppression d'un grand nombre.

COLLÉ, feuilletant son manuscrit.

Quoi, monsieur! vous exigez que je retranche...

(Ici le papier endommagé ne permet que de deviner le titre des chansons supprimées par le censeur.)

LE CENSEUR.

Vous n'avez pas dû penser que cela passerait à la censure.

COLLÉ.

Elles ont bien passé ailleurs.

LE CENSEUR.

Raison de plus.

COLLÉ.

Pardonnez; je ne connaissais pas bien encore les raisons d'un censeur.

LE CENSEUR.

Examinons avec sang-froid les deux genres de chansons qui m'ont contraint à la sévérité. D'abord pourquoi, dans des vaudevilles, mêlez-vous toujours quelques traits de satire relatifs aux circonstances?

COLLÉ.

Que ne me demandez-vous plutôt pourquoi je fais des vaudevilles? La chanson est essentiellement du parti de l'opposition. D'ailleurs, en frondant quelques abus qui n'en seront pas moins éternels, en ridiculisant quelques personnages à qui l'on pourrait souhaiter de n'être que ridicules, ai-je insulté jamais à ce qui a droit au respect de tous? Le respect pour le souverain paraît-il me coûter?

LE CENSEUR.

Mais les ministres, monsieur, les ministres! Si à Naples l'on peut sans danger offenser la Divinité, il n'y fait pas bon pour ceux qui parlent mal de saint Janvier.

COLLÉ.

Je le conçois: à Naples saint Janvier passe pour faire des miracles.

LE CENSEUR.

Vous y seriez aussi incrédule qu'à Paris.

COLLÉ.

Dites aussi clairvoyant.

LE CENSEUR.

Tant pis pour vous, monsieur. Au fait, de quoi se mêlent les faiseurs de chansons? Vous en pouvez convenir avec moins de peine qu'un autre: les chansonniers sont en littérature ce que les ménétriers sont en musique.

COLLÉ.

Je l'ai dit cent fois avant vous. Mais convenez à votre tour qu'il en est quelques uns qui ne jouent pas du violon pour tout le monde. Plusieurs ne seraient pas indignes de faire partie de la musique dont le grand Condé se servait pour ouvrir la tranchée¹, et tous deviennent utiles lorsqu'il s'agit de faire célébrer au peuple des triomphes dont sans eux fort souvent il ne sentirait que le poids.

LE CENSEUR.

Je n'ai point oublié la jolie chanson du Port-Mahon. Monsieur Collé, ce n'est pas à vous qu'on reprochera l'*anglomanie*. Mais cela ne suffit pas. Pourquoi, par exemple, vous être fait l'apôtre de certains principes d'indépendance qu'il vaudrait mieux combattre?

COLLÉ.

J'entends de quelles idées vous voulez parler. Combattre ces idées, monsieur! il n'y aurait pas plus de mérite à cela qu'à faire en Prusse des épigrammes contre les capucins. Ne trouvez-vous pas même que la

---

¹ Le grand Condé ouvrit la tranchée devant Lérida au son des violons et des hautbois.

plupart de ceux qui attaquent ces idées, qui peut-être au fond sont les vôtres, ressemblent à des aveugles qui voudraient casser les réverbères ?

LE CENSEUR.

Je suis de votre avis, si vous voulez dire qu'ils frappent à côté. Mais revenons à vos chansons. Tout le monde rend justice à la loyauté de votre caractère, à la régularité de vos mœurs; et je pense qu'il sera aisé de vous convaincre du tort que vous feraient certaines *gaillardises* que je vous engage à faire disparaître de votre recueil.

COLLÉ.

C'est parceque je ne crains point qu'on examine mes mœurs que je me suis permis de peindre celles du temps avec une exactitude qui participe de leur licence [1].

LE CENSEUR.

Vos tableaux choqueront les regards des gens rigides.

COLLÉ.

La Chasteté porte un bandeau.

---

[1] Plusieurs de ces raisonnements se retrouvent dans une notice piquante et spirituelle placée en tête du recueil complet des chansons de Collé, publié par M. Auger, censeur et membre de l'Académie française.

LE CENSEUR.

Elle n'est pas sourde, et le ton libre de plusieurs de vos chansons peut augmenter la corruption dont vous faites la satire.

COLLÉ.

Quoi! comme l'a dit le bon La Fontaine,

> Les mères, les maris, me prendront aux cheveux
> Pour dix ou douze contes bleus!
> Voyez un peu la belle affaire!
> Ce que je n'ai pas fait mon livre irait le faire!

LE CENSEUR.

L'autorité d'un grand homme est déplacée ici. Il ne s'agit que de bagatelles que vous pouvez sacrifier sans regret.

COLLÉ.

En avez-vous de les connaître?

LE CENSEUR.

Je ne dis pas cela.

COLLÉ.

En êtes-vous moins censeur et très censeur?

LE CENSEUR.

Je vous en fais juge.

COLLÉ.

Eh bien! après avoir lu ou chanté en secret mes couplets les plus graveleux, les prudes n'en auront pas plus de charité et les bigots pas plus de tolérance. Laissez à ces gens-là le soin de me mettre à l'*index*. Si vous leur ôtez le plaisir de crier de temps à autre, on finira par croire à la réalité de leurs vertus. Mes chansons peuvent fournir une occasion de savoir à quoi s'en tenir sur le compte de ces messieurs et de ces dames. C'est un service qu'elles rendront aux gens véritablement sages, qui, toujours indulgents, pardonnent des écarts à la gaieté, et permettent à l'innocence de sourire.

LE CENSEUR.

Hors de mon cabinet je pourrais trouver vos raisons bonnes; ici elles ne sont que spécieuses. Je vous répète donc qu'il est impossible que j'autorise l'impression des chansons que vous défendez si bien.

COLLÉ.

En ce cas je prends mon parti. Je les ferai imprimer en Hollande sous le titre de *Chansons que mon censeur n'a pas dû me passer.*

LE CENSEUR.

Je vous en retiens un exemplaire.

COLLÉ.

Vous mériteriez que je vous les dédiasse.

LE CENSEUR.

Vous pouvez les adresser mieux, vous, monsieur Collé, qui avez pour protecteur un prince de l'auguste maison dont vous avez si bien fait parler le héros.

COLLÉ.

Que ne me protège-t-il contre les censeurs?

LE CENSEUR.

Et contre les feuilles périodiques.

COLLÉ.

En effet elles sont la seconde plaie de la littérature.

LE CENSEUR.

Quelle est la première, s'il vous plaît?

COLLÉ.

Je vous le laisse à deviner, et cours chez l'imprimeur qui m'attend.

LE CENSEUR.

Un moment. Je sais que jour par jour vous écrivez ce que vous avez dit et fait. Ne vous avisez point de transcrire ainsi notre conversation.

COLLÉ.

Vous n'y seriez point compromis.

LE CENSEUR.

Bien; mais un jour quelque écolier pourrait s'appuyer de vos arguments, et, à l'abri de votre nom, tenter de justifier...

(Ici l'écriture, absolument illisible, m'a privé du reste de ce dialogue, qui n'est peut-être intéressant que pour un auteur placé dans une situation pareille à celle où Collé s'est trouvé. Malgré le soin qu'il avait pris de ne pas le joindre aux Mémoires de sa vie, ce que le censeur avait craint est arrivé; et l'écolier n'hésite point à se servir du nom de son maître, au risque d'être en butte à de graves reproches. Mon ami l'érudit m'a annoncé qu'il m'en arriverait malheur, et, pour donner du poids au pronostic, m'a retiré sa dissertation sur les *flonflons*. Le public n'y perdra rien. Il doit l'augmenter considérablement, et l'adresser en forme de mémoire à la troisième classe de l'Institut. Elle obtiendra peut-être plus de succès que je n'ose en espérer pour mon recueil. Le moment serait mal choisi pour publier des chansons, si la futilité même des productions n'était une recommandation à une époque où l'on a plus besoin de se distraire que de s'occuper. Souhaitons que bientôt l'on puisse lire des poëmes épiques, sans souhaiter néanmoins qu'il en paraisse autant que chaque année voit éclore de chansonniers nouveaux.)

POST-SCRIPTUM DE 1821.

Je crois inutile d'ajouter aucune réflexion à cette préface du recueil chantant que je publiai à la fin de 1815. J'ai fait depuis quelques tentatives pour étendre le domaine de la chanson. Le succès seul peut les justifier. Des amateurs du genre pourront se plaindre de la gravité de certains sujets que j'ai cru pouvoir traiter. Voici ma réponse: La chanson vit de l'inspiration du moment. Notre époque est sérieuse, même un peu triste: j'ai dû prendre le ton qu'elle m'a donné; il est probable que je ne l'aurais pas choisi. Je pourrais repousser ainsi plusieurs autres critiques, s'il n'était naturel de penser qu'on accordera trop peu d'attention à ces chansons pour qu'il soit nécessaire de les défendre sérieusement. Un recueil de chansons est et sera toujours un livre sans conséquence.

CHANSONS

DE

P. J. DE BÉRANGER.

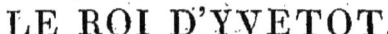

LE ROI D'YVETOT.

MAI 1813.

Air : Quand un tendron vient en ces lieux.

Il était un roi d'Yvetot
   Peu connu dans l'histoire,
Se levant tard, se couchant tôt,
   Dormant fort bien sans gloire ;
Et couronné par Jeanneton
D'un simple bonnet de coton,
     Dit-on.
Oh! oh! oh! oh! ah! ah! ah! ah!
Quel bon petit roi c'était là!
     La, la.

Il faisait ses quatre repas
   Dans son palais de chaume,
Et sur un âne, pas à pas,
   Parcourait son royaume.
Joyeux, simple et croyant le bien,
Pour toute garde il n'avait rien
   Qu'un chien.
Oh! oh! oh! oh! ah! ah! ah! ah!
Quel bon petit roi c'était là!
   La, la.

Il n'avait de goût onéreux
   Qu'une soif un peu vive;
Mais, en rendant son peuple heureux,
   Il faut bien qu'un roi vive.
Lui-même, à table et sans suppôt,
Sur chaque muid levait un pot
   D'impôt.
Oh! oh! oh! oh! ah! ah! ah! ah!
Quel bon petit roi c'était là!
   La, la.

Aux filles de bonnes maisons
   Comme il avait su plaire,

Ses sujets avaient cent raisons
 De le nommer leur père :
D'ailleurs il ne levait de ban
Que pour tirer, quatre fois l'an,
 Au blanc.
Oh! oh! oh! oh! ah! ah! ah! ah!
Quel bon petit roi c'était là!
 La, la.

Il n'agrandit point ses états,
 Fut un voisin commode,
Et, modèle des potentats,
 Prit le plaisir pour code.
Ce n'est que lorsqu'il expira
Que le peuple qui l'enterra
 Pleura.
Oh! oh! oh! oh! ah! ah! ah! ah!
Quel bon petit roi c'était là!
 La, la.

On conserve encor le portrait
 De ce digne et bon prince;
C'est l'enseigne d'un cabaret
 Fameux dans la province.

Les jours de fête, bien souvent,
La foule s'écrie en buvant
 Devant :
Oh! oh! oh! oh! ah! ah! ah! ah!
Quel bon petit roi c'était là !
 La, la.

LA BACCHANTE.

Air: Fournissez un canal au ruisseau.

Cher amant, je cède à tes desirs :
  De Champagne enivre Julie.
Inventons, s'il se peut, des plaisirs ;
Des Amours épuisons la folie.
  Verse-moi ce joyeux poison ;
  Mais sur-tout bois à ta maîtresse :
  Je rougirais de mon ivresse,
  Si tu conservais ta raison.

Vois déja briller dans mes regards
  Tout le feu dont mon sang bouillonne.
Sur ton lit, de mes cheveux épars,
Fleur à fleur vois tomber ma couronne.
  Le cristal vient de se briser :
  Dieux! baise ma gorge brûlante,
  Et taris l'écume enivrante
  Dont tu te plais à l'arroser.

Verse encor! mais pourquoi ces atours
  Entre tes baisers et mes charmes?
Romps ces nœuds, oui, romps-les pour toujours :
Ma pudeur ne connaît plus d'alarmes.
  Presse en tes bras mes charmes nus.
  Ah! je sens redoubler mon être!
  A l'ardeur qu'en moi tu fais naître
  Ton ardeur ne suffira plus.

Dans mes bras tombe enfin à ton tour;
  Mais, hélas! tes baisers languissent.
Ne bois plus, et garde à mon amour
Ce nectar où tes feux s'amortissent.
  De mes desirs mal apaisés,
  Ingrat, si tu pouvais te plaindre,
  J'aurai du moins pour les éteindre
  Le vin où je les ai puisés.

LE SÉNATEUR.

1813.

Air : J'ons un curé patriote.

Mon épouse fait ma gloire :
Rose a de si jolis yeux !
Je lui dois, l'on peut m'en croire,
Un ami bien précieux.
Le jour où j'obtins sa foi
Un sénateur vint chez moi.
  Quel honneur !
  Quel bonheur !
Ah ! monsieur le sénateur,
Je suis votre humble serviteur.

De ses faits je tiens registre :
C'est un homme sans égal.
L'autre hiver, chez un ministre,
Il mena ma femme au bal.
S'il me trouve en son chemin,
Il me frappe dans la main.

Quel honneur!
Quel bonheur!
Ah! monsieur le sénateur,
Je suis votre humble serviteur.

Près de Rose il n'est point fade,
Et n'a rien de freluquet.
Lorsque ma femme est malade,
Il fait mon cent de piquet.
Il m'embrasse au jour de l'an;
Il me fête à la Saint-Jean.
Quel honneur!
Quel bonheur!
Ah! monsieur le sénateur,
Je suis votre humble serviteur.

Chez moi qu'un temps effroyable
Me retienne après dîner,
Il me dit d'un air aimable :
« Allez donc vous promener ;
« Mon cher, ne vous gênez pas,
« Mon équipage est là bas. »
Quel honneur!
Quel bonheur!

Ah! monsieur le sénateur,
Je suis votre humble serviteur.

Certain soir à sa campagne
Il nous mena par hasard ;
Il m'enivra de Champagne,
Et Rose fit lit à part :
Mais de la maison, ma foi,
Le plus beau lit fut pour moi.
    Quel honneur !
    Quel bonheur !
Ah! monsieur le sénateur,
Je suis votre humble serviteur.

A l'enfant que Dieu m'envoie
Pour parrain je l'ai donné.
C'est presque en pleurant de joie
Qu'il baise le nouveau-né ;
Et mon fils, dès ce moment,
Est mis sur son testament.
    Quel honneur !
    Quel bonheur !
Ah! monsieur le sénateur,
Je suis votre humble serviteur.

A table il aime qu'on rie ;
Mais parfois j'y suis trop vert.
J'ai poussé la raillerie
Jusqu'à lui dire au dessert :
On croit, j'en suis convaincu,
Que vous me faites c...
  Quel honneur !
  Quel bonheur !
Ah ! monsieur le sénateur,
Je suis votre humble serviteur.

L'ACADÉMIE ET LE CAVEAU.

CHANSON DE RÉCEPTION AU CAVEAU MODERNE.

Air : Tout le long de la rivière.

Au caveau je n'osais frapper ;
Des méchants m'avaient su tromper.
C'est presque un cercle académique,
Me disait maint esprit caustique.
Mais, que vois-je ! de bons amis
Que rassemble un couvert bien mis.
Asseyez-vous, me dit la compagnie.
Non, non, ce n'est point comme à l'Académie.
Ce n'est point comme à l'Académie.

Je me voyais, pendant un mois,
Courant pour disputer les voix
A des gens qu'appuîrait le zèle
D'un grand seigneur ou d'une belle :
Mais, faisant moitié du chemin,

Vous m'accueillez le verre en main.
D'ici l'intrigue est à jamais bannie :
Non, non, ce n'est point comme à l'Académie.
Ce n'est point comme à l'Académie.

Toussant, crachant, faudra-t-il donc,
Dans un discours superbe et long,
Dire : Quel honneur vous me faites !
Messieurs, vous êtes trop honnêtes ;
Ou quelque chose d'aussi fort ?
Mais que je m'effrayais à tort !
On peut ici montrer moins de génie.
Non, non, ce n'est point comme à l'Académie.
Ce n'est point comme à l'Académie.

Je croyais voir le président
Faire bâiller en répondant
Que l'on vient de perdre un grand homme ;
Que moi je le vaux, Dieu sait comme.
Mais ce président sans façon [1]
Ne pérore ici qu'en chanson :
Toujours trop tôt sa harangue est finie.

[1] M. Désaugiers.

Non, non, ce n'est point comme à l'Académie.
  Ce n'est point comme à l'Académie.

   Admis enfin, aurai-je alors,
   Pour tout esprit, l'esprit de corps?
   Il rend le bon sens, quoi qu'on dise,
   Solidaire de la sottise;
   Mais dans votre société,
   L'esprit de corps c'est la gaîté.
 Cet esprit-là règne sans tyrannie.
Non, non, ce n'est point comme à l'Académie.
  Ce n'est point comme à l'Académie.

   Ainsi, j'en juge à votre accueil,
   Ma chaise n'est point un fauteuil.
   Que je vais chérir cet asile,
   Où tant de fois le Vaudeville
   A renouvelé ses grelots,
   Et sur la porte écrit ces mots:
 Joie, amitié, malice et bonhomie!
Non, non, ce n'est point comme à l'Académie.
  Ce n'est point comme à l'Académie.

LA GAUDRIOLE.

Air : La bonne aventure.

Momus a pris pour adjoints
  Des rimeurs d'école :
Des chansons en quatre points
  Le froid nous désole.
Mirliton s'en est allé.
Ah ! la muse de Collé,
  C'est la gaudriole,
    O gué,
  C'est la gaudriole.

Moi, des sujets polissons
  Le ton m'affriole.
Minerve dans mes chansons
  Fait la cabriole.
De ma grand'mère, après tout,

Tartufes, je tiens le goût
  De la gaudriole,
    O gué,
  De la gaudriole.

Elle amusait à dix ans
  Son maître d'école.
Des cordeliers gros plaisants
  Elle fut l'idole.
Au prêtre qui l'exhortait,
En mourant elle contait
  Une gaudriole,
    O gué,
  Une gaudriole.

C'était la régence alors ;
  Et, sans hyperbole,
Grace aux plus drôles de corps,
  La France était folle.
Tous les hommes plaisantaient,
Et les femmes se prêtaient
  A la gaudriole,
    O gué,
  A la gaudriole.

On ne rit guère aujourd'hui.
   Est-on moins frivole ?
Trop de gloire nous a nui ;
   Le plaisir s'envole.
Mais au Français attristé
Qui peut rendre la gaîté ?
   C'est la gaudriole,
     O gué,
   C'est la gaudriole.

Prudes, qui ne criez plus
   Lorsqu'on vous viole,
Pourquoi prendre un air confus
   A chaque parole ?
Passez les mots aux rieurs :
Les plus gros sont les meilleurs
   Pour la gaudriole,
     O gué,
   Pour la gaudriole.

ROGER BONTEMPS.

1814.

Air: Ronde du camp de Grandpré.

Aux gens atrabilaires
Pour exemple donné,
En un temps de misères
Roger Bontemps est né.
Vivre obscur à sa guise,
Narguer les mécontents ;
Eh gai ! c'est la devise
Du gros Roger Bontemps.

Du chapeau de son père,
Coiffé dans les grands jours,
De roses ou de lierre
Le rajeunir toujours ;
Mettre un manteau de bure,
Vieil ami de vingt ans ;
Eh gai ! c'est la parure
Du gros Roger Bontemps.

Posséder dans sa hutte
Une table, un vieux lit,
Des cartes, une flûte,
Un broc que Dieu remplit,
Un portrait de maîtresse,
Un coffre et rien dedans ;
Eh gai ! c'est la richesse
Du gros Roger Bontemps.

Aux enfants de la ville
Montrer de petits jeux ;
Être un faiseur habile
De contes graveleux ;
Ne parler que de danse
Et d'almanachs chantants ;
Eh gai ! c'est la science
Du gros Roger Bontemps.

Faute de vin d'élite,
Sabler ceux du canton ;
Préférer Marguerite
Aux dames du grand ton ;
De joie et de tendresse
Remplir tous ses instants ;

Eh gai! c'est la sagesse
Du gros Roger Bontemps.

Dire au ciel : Je me fie,
Mon père, à ta bonté ;
De ma philosophie
Pardonne la gaîté ;
Que ma saison dernière
Soit encore un printemps ;
Eh gai ! c'est la prière
Du gros Roger Bontemps.

Vous, pauvres pleins d'envie,
Vous, riches desireux ;
Vous, dont le char dévie
Après un cours heureux ;
Vous, qui perdrez peut-être
Des titres éclatants,
Eh gai ! prenez pour maître
Le gros Roger Bontemps.

PARNY.

ROMANCE.

Musique de M. B. Wilhem.

Je disais au fils d'Épicure :
« Réveillez par vos joyeux chants
« Parny, qui sait de la nature
« Célébrer les plus doux penchants. »
Mais les chants que la joie inspire
Font place aux regrets superflus :
    Parny n'est plus !
Il vient d'expirer sur sa lyre :
    Parny n'est plus !

Je disais aux Graces émues :
« Il vous doit sa célébrité.
« Montrez-vous à lui demi-nues ;
« Qu'il peigne encor la volupté. »
Mais chacune d'elles soupire
Auprès des Plaisirs éperdus.
    Parny n'est plus !

Il vient d'expirer sur sa lyre :
    Parny n'est plus !

Je disais aux dieux du bel âge :
« Amours, rendez à ses vieux ans
« Les fleurs qu'aux pieds d'une volage
« Il prodigua dans son printemps. »
Mais en pleurant je les vois lire
Des vers qu'ils ont cent fois relus.
    Parny n'est plus !
Il vient d'expirer sur sa lyre :
    Parny n'est plus !

Je disais aux Muses plaintives :
« Oubliez vos malheurs récents [1] ;
« Pour charmer l'écho de nos rives,
« Il vous suffit de ses accents. »
Mais du poétique délire
Elles brisent les attributs.
    Parny n'est plus !
Il vient d'expirer sur sa lyre :
    Parny n'est plus !

[1] Allusion à la mort de Le Brun, de Delille, de Bernardin de Saint-Pierre, de Grétry, etc.

Il n'est plus! ah! puisse l'Envie
S'interdire un dernier effort[1]!
Immortel il quitte la vie;
Pour lui tous les dieux sont d'accord.
Que la Haine, prête à maudire,
Pardonne aux aimables vertus.
    Parny n'est plus!
Il vient d'expirer sur sa lyre:
    Parny n'est plus!

---

[1] Autre allusion aux insultes faites à la mémoire de l'auteur de *la Guerre des Dieux*.

MA GRAND'MÈRE.

Air : En revenant de Bâle en Suisse.

Ma grand'mère, un soir à sa fête,
De vin pur ayant bu deux doigts,
Nous disait en branlant la tête :
Que d'amoureux j'eus autrefois !
    Combien je regrette
    Mon bras si dodu,
    Ma jambe bien faite, *bis.*
    Et le temps perdu !

Quoi ! maman, vous n'étiez pas sage !
— Non vraiment ; et de mes appas
Seule à quinze ans j'appris l'usage,
Car la nuit je ne dormais pas.
    Combien je regrette
    Mon bras si dodu,
    Ma jambe bien faite,
    Et le temps perdu !

Maman, vous aviez le cœur tendre ?
— Oui, si tendre, qu'à dix-sept ans,
Lindor ne se fit pas attendre,
Et qu'il n'attendit pas long-temps.
    Combien je regrette
    Mon bras si dodu,
    Ma jambe bien faite,
    Et le temps perdu !

Maman, Lindor savait donc plaire ?
— Oui, seul il me plut quatre mois :
Mais bientôt j'estimai Valère,
Et fis deux heureux à-la-fois.
    Combien je regrette
    Mon bras si dodu,
    Ma jambe bien faite,
    Et le temps perdu !

Quoi ! maman, deux amants ensemble !
— Oui, mais chacun d'eux me trompa.
Plus fine alors qu'il ne vous semble,
J'épousai votre grand-papa.
    Combien je regrette
    Mon bras si dodu,

Ma jambe bien faite,
Et le temps perdu !

Maman, que lui dit la famille ?
— Rien, mais un mari plus sensé
Eût pu connaître à la coquille
Que l'œuf était déjà cassé.
　　Combien je regrette
　　Mon bras si dodu,
　　Ma jambe bien faite,
　　Et le temps perdu !

Maman, lui fûtes-vous fidèle ?
— Oh ! sur cela je me tais bien.
A moins qu'à lui Dieu ne m'appelle,
Mon confesseur n'en saura rien.
　　Combien je regrette
　　Mon bras si dodu,
　　Ma jambe bien faite,
　　Et le temps perdu !

Bien tard, maman, vous fûtes veuve ?
— Oui ; mais, graces à ma gaîté,
Si l'église n'était plus neuve,

Le saint n'en fut pas moins fêté.
  Combien je regrette
  Mon bras si dodu,
  Ma jambe bien faite,
  Et le temps perdu !

Comme vous, maman, faut-il faire ?
— Eh ! mes petits-enfants, pourquoi,
Quand j'ai fait comme ma grand'mère,
Ne feriez-vous pas comme moi ?
  Combien je regrette
  Mon bras si dodu,
  Ma jambe bien faite,
  Et le temps perdu !

LE MORT VIVANT.

RONDE DE TABLE.

Air des Bossus.

Lorsque l'ennui pénètre dans mon fort,
Priez pour moi : je suis mort, je suis mort !
Quand le plaisir à grands coups m'abreuvant
Gaîment m'assiège et derrière et devant,
Je suis vivant, bien vivant, très vivant !

Un sot fait-il sonner son coffre-fort,
Priez pour moi : je suis mort, je suis mort !
Volnay, Pomard, Beaune, et Moulin-à-vent [1],
Fait-on sonner votre âge en vous servant,
Je suis vivant, bien vivant, très vivant !

Des pauvres rois veut-on régler le sort,
Priez pour moi : je suis mort, je suis mort !
En fait de vin qu'on se montre savant ;

[1] Noms de différents vins.

Dût-on pousser le sujet trop avant,
Je suis vivant, bien vivant, très vivant!

Faut-il aller guerroyer dans le Nord,
Priez pour moi : je suis mort, je suis mort!
Que, près du feu, l'un l'autre se bravant,
On trinque assis derrière un paravent,
Je suis vivant, bien vivant, très vivant!

De beaux esprits s'annoncent-ils d'abord,
Priez pour moi : je suis mort, je suis mort!
Mais, sans esprit, faut-il mettre en avant
De gais couplets qu'on répète en buvant,
Je suis vivant, bien vivant, très vivant!

Suis-je au sermon d'un bigot qui m'endort,
Priez pour moi : je suis mort, je suis mort!
Que l'amitié réclame un cœur fervent,
Que dans la cave elle fonde un couvent,
Je suis vivant, bien vivant, très vivant!

Monseigneur entre, et la liberté sort,
Priez pour moi : je suis mort, je suis mort!
Mais que Thémire, à table nous trouvant,

Avec l'aï s'égaie en arrivant,
Je suis vivant, bien vivant, très vivant!

Faut-il sans boire abandonner ce bord,
Priez pour moi : je suis mort, je suis mort!
Mais pour m'y voir jeter l'ancre souvent,
Le verre en main, quand j'implore un bon vent,
Je suis vivant, bien vivant, très vivant!

LE PRINTEMPS ET L'AUTOMNE.

Air:

Deux saisons règlent toutes choses,
Pour qui sait vivre en s'amusant :
Au printemps nous devons les roses,
A l'automne un jus bienfaisant.
Les jours croissent; le cœur s'éveille :
On fait le vin quand ils sont courts.
Au printemps, adieu la bouteille !
En automne, adieu les amours !

Mieux il vaudrait unir sans doute
Ces deux penchants faits pour charmer;
Mais pour ma santé je redoute
De trop boire et de trop aimer.
Or, la sagesse me conseille
De partager ainsi mes jours :

Au printemps, adieu la bouteille!
En automne, adieu les amours!

Au mois de mai j'ai vu Rosette,
Et mon cœur a subi ses lois.
Que de caprices la coquette
M'a fait essuyer en six mois!
Pour lui rendre enfin la pareille,
J'appelle octobre à mon secours.
Au printemps, adieu la bouteille!
En automne, adieu les amours!

Je prends, quitte, et reprends Adèle,
Sans façon comme sans regrets.
Au revoir, un jour me dit-elle.
Elle revint long-temps après;
J'étais à chanter sous la treille:
Ah! dis-je, l'année a son cours.
Au printemps, adieu la bouteille!
En automne, adieu les amours!

Mais il est une enchanteresse
Qui change à son gré mes plaisirs.

Du vin elle excite l'ivresse,
Et maîtrise jusqu'aux desirs.
Pour elle ce n'est pas merveille
De troubler l'ordre de mes jours,
Au printemps avec la bouteille,
En automne avec les amours.

LA MÈRE AVEUGLE.

Air: Une fille est un oiseau.

Tout en filant votre lin,
Écoutez-moi bien, ma fille.
Déja votre cœur sautille
Au nom du jeune Colin.
Craignez ce qu'il vous conseille.
Quoique aveugle, je surveille ;
A tout je prête l'oreille,
Et vous soupirez tout bas.
Votre Colin n'est qu'un traître...
Mais vous ouvrez la fenêtre ;
Lise, vous ne filez pas. (*bis.*)

Il fait trop chaud, dites-vous ;
Mais par la fenêtre ouverte,
A Colin, toujours alerte,
Ne faites pas les yeux doux.

Vous vous plaignez que je gronde :
Hélas ! je fus jeune et blonde ;
Je sais combien dans ce monde
On peut faire de faux pas.
L'amour trop souvent l'emporte...
Mais quelqu'un est à la porte ;
Lise, vous ne filez pas.

C'est le vent, me dites-vous,
Qui fait crier la serrure ;
Et mon vieux chien qui murmure
Gagne à cela de bons coups.
Oui, fiez-vous à mon âge :
Colin deviendra volage ;
Craignez, si vous n'êtes sage,
De pleurer sur vos appas...
Grand Dieu ! que viens-je d'entendre ?
C'est le bruit d'un baiser tendre ;
Lise, vous ne filez pas.

C'est votre oiseau, dites-vous,
C'est votre oiseau qui vous baise ;
Dites-lui donc qu'il se taise,
Et redoute mon courroux.

Ah! d'une folle conduite
Le déshonneur est la suite;
L'amant qui vous a séduite
En rit même entre vos bras.
Que la prudence vous sauve...
Mais vous allez vers l'alcôve;
Lise, vous ne filez pas.

C'est pour dormir, dites-vous.
Quoi! me jouer de la sorte!
Colin est ici, qu'il sorte,
Ou devienne votre époux.
En attendant qu'à l'église
Le séducteur vous conduise,
Filez, filez, filez, Lise,
Près de moi, sans faire un pas.
En vain votre lin s'embrouille;
Avec une autre quenouille,
Non, vous ne filerez pas.

LE PETIT HOMME GRIS.

Air: Toto, Carabo.

Il est un petit homme
Tout habillé de gris,
    Dans Paris,
Joufflu comme une pomme,
Qui, sans un sou comptant,
    Vit content,
Et dit : Moi, je m'en...
Et dit : Moi, je m'en...
Ma foi, moi, je m'en ris!
Oh! qu'il est gai (*bis*) le petit homme gris!

A courir les fillettes,
A boire sans compter,
    A chanter,
Il s'est couvert de dettes;
Mais, quant aux créanciers,
    Aux huissiers,

Il dit : Moi, je m'en...
Il dit : Moi, je m'en...
Ma foi, moi, je m'en ris !
Oh ! qu'il est gai (*bis*) le petit homme gris !

    Qu'il pleuve dans sa chambre ;
    Qu'il s'y couche le soir
        Sans y voir ;
    Qu'il lui faille en décembre
    Souffler, faute de bois,
        Dans ses doigts,
    Il dit : Moi, je m'en...
    Il dit : Moi, je m'en...
    Ma foi, moi, je m'en ris !
Oh ! qu'il est gai (*bis*) le petit homme gris !

    Sa femme, assez gentille,
    Fait payer ses atours
        Aux amours ;
    Aussi, plus elle brille,
    Plus on le montre au doigt.
        Il le voit,
    Et dit : Moi, je m'en...
    Et dit : Moi, je m'en...

Ma foi, moi, je m'en ris !
Oh ! qu'il est gai *(bis)* le petit homme gris !

Quand la goutte l'accable
Sur un lit délabré,
Le curé,
De la mort et du diable,
Parle à ce moribond,
Qui répond :
Ma foi, moi, je m'en...
Ma foi, moi je m'en...
Ma foi, moi, je m'en ris !
Oh ! qu'il est gai *(bis)* le petit homme gris !

LA BONNE FILLE,

ou

LES MOEURS DU TEMPS

1812.

Air: Il est toujours le même.

Je sais fort bien que sur moi l'on babille,
 Que soi-disant
 J'ai le ton trop plaisant;
 Mais cet air amusant
 Sied si bien à Camille!
 Philosophe par goût,
 Et toujours et de tout
Je ris, je ris, tant je suis bonne fille.

Pour le théâtre ayant quitté l'aiguille,
 A mon début,

Craignant quelque rebut,
Je me livre en tribut
Au censeur Mascarille;
Et ce cuistre insolent
Dénigre mon talent;
Mais moi j'en ris, tant je suis bonne fille.

Un sénateur, qui toujours apostille,
Dit : Je voudrais
Servir tes intérêts.
Lors j'essaie à grands frais
D'échauffer le vieux drille.
Quoi qu'il fît espérer,
Je n'en pus rien tirer;
Mais j'en ai ri, tant je suis bonne fille.

Un chambellan, qui de clinquant petille,
Après qu'un jour
Il m'eut fait voir la cour,
Enrichit mon amour
De ce jonc qui scintille.
J'en fais voir le chaton :
C'est du faux, me dit-on;
Et moi j'en ris, tant je suis bonne fille.

Un bel esprit, beau de l'esprit qu'il pille,
    Grace à moi fut
    Nommé de l'Institut.
    Quand des voix qu'il me dut
    Vient l'éclat dont il brille,
    Avec moi que de fois
    Il a manqué de voix !
Mais j'en ai ri, tant je suis bonne fille.

Un lycéen, qui sort de sa coquille,
    Tout triomphant,
    Dans ses bras m'étouffant,
    De me faire un enfant
    Me proteste qu'il grille ;
    Et le petit morveux,
    Au lieu d'un, m'en fait deux ;
Mais moi j'en ris, tant je suis bonne fille.

Trois auditeurs me disent : Viens, Camille,
    Soupe avec nous ;
    Que nous fassions les fous.
    J'étais seule pour tous :
    L'un d'eux me déshabille.
    Puis le vin met dedans

Nos petits intendants;
Et moi j'en ris, tant je suis bonne fille.

Telle est ma vie; et sur mainte vétille
  J'aurais ici
  Pu glisser, Dieu merci!
  Dans ses jupons aussi
  Je sais qu'on s'entortille;
  Mais les restrictions,
  Mais les précautions,
Moi je m'en ris, tant je suis bonne fille.

AINSI SOIT-IL!

1812.

Air: Alleluia.

Je suis devin, mes chers amis;
L'avenir qui nous est promis
Se découvre à mon art subtil.
    Ainsi soit-il!

Plus de poëte adulateur;
Le puissant craindra le flatteur;
Nul courtisan ne sera vil.
    Ainsi soit-il!

Plus d'usuriers, plus de joueurs,
De petits banquiers grands seigneurs,
Et pas un commis incivil.
    Ainsi soit-il!

L'amitié, charme de nos jours,
Ne sera plus un froid discours
Dont l'infortune rompt le fil.
  Ainsi soit-il!

La fille, novice à quinze ans,
A dix-huit avec ses amants
N'exercera que son babil.
  Ainsi soit-il!

Femme fuira les vains atours,
Et son mari pendant huit jours
Pourra s'absenter sans péril.
  Ainsi soit-il!

L'on montrera dans chaque écrit
Plus de génie et moins d'esprit,
Laissant tout jargon puéril.
  Ainsi soit-il!

L'auteur aura plus de fierté,
L'acteur moins de fatuité;
Le critique sera civil.
  Ainsi soit-il!

On rira des erreurs des grands,
On chansonnera leurs agents,
Sans voir arriver l'alguazil.
 Ainsi soit-il!

En France enfin renaît le goût;
La justice règne par-tout,
Et la vérité sort d'exil.
 Ainsi soit-il!

Or, mes amis, bénissons Dieu,
Qui met chaque chose en son lieu:
Celles-ci sont pour l'an trois mil.
 Ainsi soit-il!

L'ÉDUCATION DES DEMOISELLES.

Air : Tra la la la, l'Amour est là.

Le bel instituteur de filles
Que ce monsieur de Fénelon !
Il parle de messe et d'aiguilles :
Maman, c'est un sot tout du long.
Concerts, bals et pièces nouvelles
Nous instruisent mieux que cela.
Tra la la la, les demoiselles,
Tra la la la, se forment là.

Qu'à broder une autre s'applique ;
Maman, je veux au piano,
Avec mon maître de musique,
D'Armide chanter le duo.
Je crois sentir les étincelles
De l'amour dont Renaud brûla.

Tra la la la, les demoiselles,
Tra la la la, se forment là.

Qu'une autre écrive la dépense;
Maman, pendant une heure ou deux,
Je veux que mon maître de danse
M'enseigne un pas voluptueux.
Ma robe rend mes pieds rebelles :
Un peu plus haut relevons-la.
Tra la la la, les demoiselles,
Tra la la la, se forment là.

Que sur ma sœur une autre veille;
Maman, je veux mettre au salon.
Déja je dessine à merveille
Les contours de cet Apollon.
Grand Dieu, que ses formes sont belles!
Sur-tout les beaux *nus* que voilà !
Tra la la la, les demoiselles,
Tra la la la, se forment là.

Maman, il faut qu'on me marie,
La coutume ainsi l'exigeant.

Je t'avoûrai, ma chère amie,
Que même le cas est urgent.
Le monde sait de mes nouvelles,
Mais on y rit de tout cela.
Tra la la la, les demoiselles,
Tra la la la, se forment là.

MADAME GRÉGOIRE.

Air: C'est le gros Thomas.

C'était de mon temps
Que brillait madame Grégoire.
J'allais à vingt ans
Dans son cabaret rire et boire ;
Elle attirait les gens
Par des airs engageants.
Plus d'un brun à large poitrine
Avait là crédit sur la mine.
Ah ! comme on entrait
Boire à son cabaret !

D'un certain époux
Bien qu'elle pleurât la mémoire,
Personne de nous
N'avait connu défunt Grégoire ;
Mais à le remplacer
Qui n'eût voulu penser ?

Heureux l'écot où la commère
Apportait sa pinte et son verre!
    Ah! comme on entrait
    Boire à son cabaret!

Je crois voir encor
Son gros rire aller jusqu'aux larmes,
Et sous sa croix d'or
L'ampleur de ses pudiques charmes.
    Sur tous ses agréments
    Consultez ses amants :
Au comptoir la sensible brune
Leur rendait deux pièces pour une.
    Ah! comme on entrait
    Boire à son cabaret!

Des buveurs grivois
Les femmes lui cherchaient querelle.
    Que j'ai vu de fois
Des galants se battre pour elle!
    La garde et les amours
    Se chamaillant toujours,
Elle, en femme des plus capables,
Dans son lit cachait les coupables.

Ah! comme on entrait
Boire à son cabaret!

Quand ce fut mon tour
D'être en tout le maître chez elle,
C'était chaque jour
Pour mes amis fête nouvelle.
Je ne suis point jaloux :
Nous nous arrangions tous.
L'hôtesse, poussant à la vente,
Nous livrait jusqu'à la servante.
Ah! comme on entrait
Boire à son cabaret!

Tout est bien changé :
N'ayant plus rien à mettre en perce,
Elle a pris congé
Et des plaisirs et du commerce.
Que je regrette, hélas!
Sa cave et ses appas!
Long-temps encor chaque pratique
S'écrîra devant sa boutique :
Ah! comme on entrait
Boire à son cabaret!

CHARLES SEPT.

Musique de M. B. Wilhem.

Je vais combattre, Agnès l'ordonne :
Adieu, repos; plaisirs, adieu!
J'aurai, pour venger ma couronne,
Des héros, l'amour, et mon Dieu.
Anglais, que le nom de ma belle
Dans vos rangs porte la terreur.
J'oubliais l'honneur auprès d'elle,
Agnès me rend tout à l'honneur.

Dans les jeux d'une cour oisive,
Français et roi, loin des dangers,
Je laissais la France captive
En proie au fer des étrangers.
Un mot, un seul mot de ma belle
A couvert mon front de rougeur.
J'oubliais l'honneur auprès d'elle,
Agnès me rend tout à l'honneur.

S'il faut mon sang pour la victoire,
Agnès, tout mon sang coulera.
Mais non; pour l'amour et la gloire,
Victorieux, Charles vivra.
Je dois vaincre; j'ai de ma belle
Et les chiffres et la couleur.
J'oubliais l'honneur auprès d'elle,
Agnès me rend tout à l'honneur.

Dunois, La Trémouille, Saintrailles,
O Français, quel jour enchanté
Quand des lauriers de vingt batailles
Je couronnerai la beauté!
Français, nous devrons à ma belle,
Moi la gloire, et vous le bonheur.
J'oubliais l'honneur auprès d'elle,
Agnès me rend tout à l'honneur.

MES CHEVEUX.

Air : Vaudeville de Décence.

Mes bons amis, que je vous prêche à table,
  Moi, l'apôtre de la gaîté.
Opposez tous au destin peu traitable
  Le repos et la liberté;
    A la grandeur, à la richesse,
    Préférez des loisirs heureux.
  C'est mon avis, moi de qui la sagesse
    A fait tomber tous les cheveux.

Mes bons amis, voulez-vous dans la joie
    Passer quelques instants sereins,
Buvez un peu; c'est dans le vin qu'on noie
    L'ennui, l'humeur, et les chagrins.
    A longs flots puisez l'alégresse
    Dans ces flacons d'un vin mousseux.
  C'est mon avis, moi de qui la sagesse
    A fait tomber tous les cheveux.

Mes bons amis, et bien boire et bien rire
　　N'est rien encor sans les amours.
Que la beauté vous charme et vous attire;
　　Dans ses bras coulez tous vos jours.
　　Gloire, trésors, santé, jeunesse,
　　Sacrifiez tout à ses vœux.
C'est mon avis, moi de qui la sagesse
　　A fait tomber tous les cheveux.

Mes bons amis, du sort et de l'envie
　　On brave ainsi les traits cuisants.
En peu de jours usant toute la vie,
　　On en retranche les vieux ans.
　　Achetez la plus douce ivresse
　　Au prix d'un âge malheureux.
C'est mon avis, moi de qui la sagesse
　　A fait tomber tous les cheveux.

LES GUEUX.

1812.

Air: Première ronde du Départ pour Saint-Malo.

Les gueux, les gueux,
Sont les gens heureux;
Ils s'aiment entre eux.
Vivent les gueux!

Des gueux chantons la louange.
Que de gueux hommes de bien!
Il faut qu'enfin l'esprit venge
L'honnête homme qui n'a rien.

Les gueux, les gueux,
Sont les gens heureux;
Ils s'aiment entre eux.
Vivent les gueux!

Oui, le bonheur est facile
Au sein de la pauvreté ;
J'en atteste l'Évangile ;
J'en atteste ma gaîté.

 Les gueux, les gueux,
 Sont les gens heureux ;
 Ils s'aiment entre eux.
  Vivent les gueux !

Au Parnasse la misère
Long-temps a régné, dit-on.
Quels biens possédait Homère ?
Une besace, un bâton.

 Les gueux, les gueux,
 Sont les gens heureux ;
 Ils s'aiment entre eux.
  Vivent les gueux !

Vous qu'afflige la détresse,
Croyez que plus d'un héros,
Dans le soulier qui le blesse,
Peut regretter ses sabots.

Les gueux, les gueux,
Sont les gens heureux;
Ils s'aiment entre eux.
Vivent les gueux!

Du faste qui vous étonne
L'exil punit plus d'un grand;
Diogène, dans sa tonne,
Brave en paix un conquérant.

Les gueux, les gueux,
Sont les gens heureux;
Ils s'aiment entre eux.
Vivent les gueux!

D'un palais l'éclat vous frappe,
Mais l'ennui vient y gémir.
On peut bien manger sans nappe;
Sur la paille on peut dormir.

Les gueux, les gueux,
Sont les gens heureux;
Ils s'aiment entre eux.
Vivent les gueux!

Quel dieu se plaît et s'agite
Sur ce grabat qu'il fleurit?
C'est l'Amour qui rend visite
A la Pauvreté qui rit.

   Les gueux, les gueux,
  Sont les gens heureux;
  Ils s'aiment entre eux.
    Vivent les gueux!

L'Amitié que l'on regrette
N'a point quitté nos climats;
Elle trinque à la guinguette,
Assise entre deux soldats.

   Les gueux, les gueux,
  Sont les gens heureux;
  Ils s'aiment entre eux.
    Vivent les gueux!

LE COIN DE L'AMITIÉ.

COUPLETS
CHANTÉS PAR UNE DEMOISELLE A UNE JEUNE MARIÉE, SON AMIE.

Air : Vaudeville de la Partie carrée.

L'Amour, l'Hymen, l'Intérêt, la Folie,
Aux quatre coins se disputent nos jours.
L'Amitié vient compléter la partie ;
   Mais qu'on lui fait de mauvais tours !
Lorsqu'aux plaisirs l'ame se livre entière,
Notre raison ne brille qu'à moitié,
Et la Folie attaque la première
   Le coin de l'Amitié.

Puis vient l'Amour, joueur malin et traître,
Qui de tromper éprouve le besoin.
En tricherie on le dit passé maître ;
   Pauvre Amitié, gare à ton coin !
Ce dieu jaloux, dès qu'il voit qu'on l'adore,
A tout soumettre aspire sans pitié.

Vous cédez tout; il veut avoir encore
  Le coin de l'Amitié.

L'Hymen arrive: oh! combien on le fête!
L'Amitié seule apprête ses atours.
Mais dans les soins qu'il vient nous mettre en tête
  Il nous renferme pour toujours.
Ce dieu, chez lui calculant à toute heure,
Y laisse enfin l'Intérêt prendre pied,
Et trop souvent lui donne pour demeure
  Le coin de l'Amitié.

Auprès de toi nous ne craignons, ma chère,
Ni l'Intérêt ni les folles erreurs;
Mais aujourd'hui que l'Hymen et son frère
  Inspirent de crainte à nos cœurs!
Dans plus d'un coin, où de fleurs ils se parent,
Pour ton bonheur qu'ils règnent de moitié;
Mais que jamais, jamais ils ne s'emparent
  Du coin de l'Amitié.

L'AGE FUTUR,

ou

CE QUE SERONT NOS ENFANTS.

1814.

Air : Allez-vous-en, gens de la noce.

Je le dis sans blesser personne,
Notre âge n'est point l'âge d'or;
Mais nos fils, qu'on me le pardonne,
Vaudront bien moins que nous encor.
Pour peupler la machine ronde,
Qu'on est fou de mettre du sien!
    Ah! pour un rien,
    Oui, pour un rien,
Nous laisserions finir le monde,
Si nos femmes le voulaient bien.

En joyeux gourmands que nous sommes,
Nous savons chanter un repas;

Mais nos fils, pesants gastronomes,
Boiront et ne chanteront pas.
D'un sot à face rubitonde
Ils feront un épicurien.
  Ah! pour un rien,
  Oui, pour un rien,
Nous laisserions finir le monde,
Si nos femmes le voulaient bien.

Grace aux beaux esprits de notre âge,
L'ennui nous gagne assez souvent;
Mais deux Instituts, je le gage,
Lutteront dans l'âge suivant.
De se recruter à la ronde
Tous deux trouveront le moyen.
  Ah! pour un rien,
  Oui, pour un rien,
Nous laisserions finir le monde,
Si nos femmes le voulaient bien.

Nous aimons bien un peu la guerre,
Mais sans redouter le repos.
Nos fils, ne se reposant guère,
Batailleront à tout propos.

Seul prix d'une ardeur furibonde,
Un laurier sera tout leur bien.
 Ah! pour un rien,
 Oui, pour un rien,
Nous laisserions finir le monde,
Si nos femmes le voulaient bien.

Nous sommes peu galants sans doute,
Mais nos fils, d'excès en excès,
Égarant l'amour sur sa route,
Ne lui parleront plus français.
Ils traduiront, Dieu les confonde!
L'*Art d'aimer* en italien.
 Ah! pour un rien,
 Oui, pour un rien,
Nous laisserions finir le monde,
Si nos femmes le voulaient bien.

Ainsi, malgré tous nos sophistes,
Chez nos descendants on aura
Pour grands hommes des journalistes,
Pour amusement l'Opéra;
Pas une vierge pudibonde;
Pas même un aimable vaurien.

Ah! pour un rien,
Oui, pour un rien,
Nous laisserions finir le monde,
Si nos femmes le voulaient bien.

De fleurs, amis, ceignant nos têtes,
Vainement nous formons des vœux
Pour que notre culte et nos fêtes
Soient en honneur chez nos neveux :
Ce chapitre que Momus fonde
Chez eux manquera de doyen.
Ah! pour un rien,
Oui, pour un rien,
Nous laisserions finir le monde,
Si nos femmes le voulaient bien.

LE VIEUX CÉLIBATAIRE.

Air : Contentons-nous d'une simple bouteille.

Allons, Babet, il est bientôt dix heures ;
Pour un goutteux c'est l'instant du repos.
Depuis un an qu'avec moi tu demeures,
Jamais, je crois, je ne fus si dispos.
A mon coucher ton aimable présence
Pour ton bonheur ne sera pas sans fruit.
Allons, Babet, un peu de complaisance,
Un lait de poule et mon bonnet de nuit.

Petite bonne, agaçante et jolie,
D'un vieux garçon doit être le soutien.
Jadis ton maître a fait mainte folie
Pour des minois moins friands que le tien.
Je veux demain, bravant la médisance,
Au Cadran bleu te régaler sans bruit.

Allons, Babet, un peu de complaisance,
Un lait de poule et mon bonnet de nuit.

N'expose plus à des travaux pénibles
Cette main douce et ce teint des plus frais;
Auprès de moi coule des jours paisibles;
Que mille atours relèvent tes attraits.
L'amour par eux m'a rendu sa puissance :
Ne vois-tu pas son flambeau qui me luit?
Allons, Babet, un peu de complaisance,
Un lait de poule et mon bonnet de nuit.

A mes désirs, quoi! Babet se refuse!
Mademoiselle, auriez-vous un amant?
De mon neveu le jockey vous amuse;
Mais songez-y : je fais mon testament.
Docile enfin, livre sans résistance
A mes baisers ce sein qui m'a séduit.
Allons, Babet, un peu de complaisance,
Un lait de poule et mon bonnet de nuit.

Ah! tu te rends, tu cèdes à ma flamme!
Mais la nature, hélas! trahit mon cœur.

Ne pleure point; va, tu seras ma femme,
Malgré mon âge et le public moqueur.
Fais donc si bien que ta douce influence
Rende à mes sens la chaleur qui me fuit.
Allons, Babet, un peu de complaisance,
Un lait de poule et mon bonnet de nuit.

L'AMI ROBIN.

Air : A la Monaco.

De tout Cythère
Sois le courtier :
On paîra bien ton ministère.
De tout Cythère
Sois le courtier :
Ami Robin, quel bon métier !

Robin connaît toutes nos belles,
Et jusqu'où leur prix peut aller.
Messieurs, qui voulez des pucelles,
C'est à Robin qu'il faut parler.

De tout Cythère
Sois le courtier :
On paîra bien ton ministère.
De tout Cythère
Sois le courtier :
Ami Robin, quel bon métier !

Prodiguons l'or, et des maîtresses
De toutes parts vont nous venir :
Car si nous tenions aux comtesses,
Robin pourrait nous en fournir.

 De tout Cythère
 Sois le courtier :
On paîra bien ton ministère.
 De tout Cythère
 Sois le courtier :
Ami Robin, quel bon métier!

J'ai connu Robin à l'école :
Ce n'était point un libertin ;
Mais il gagnait mainte pistole
A nous procurer l'Arétin.

 De tout Cythère
 Sois le courtier :
On paîra bien ton ministère.
 De tout Cythère
 Sois le courtier :
Ami Robin, quel bon métier!

Quand de prendre femme il eut l'âge,
Il la prit belle exprès pour ça.
Par malheur la sienne était sage;
Mais aussi Robin divorça.

 De tout Cythère
 Sois le courtier :
On paîra bien ton ministère.
 De tout Cythère
 Sois le courtier :
Ami Robin, quel bon métier!

Que le neuf ou le vieux vous tente,
Il sera votre fournisseur :
Robin vend sa nièce et sa tante;
Il vendrait sa mère et sa sœur.

 De tout Cythère
 Sois le courtier :
On paîra bien ton ministère.
 De tout Cythère
 Sois le courtier :
Ami Robin, quel bon métier!

Si je lis bien dans son système,
Vers la cour il marche à grands pas.
Combien de gens qui déjà même
Devant Robin ont chapeau bas!

 De tout Cythère
 Sois le courtier :
On paîra bien ton ministère.
 De tout Cythère
 Sois le courtier :
Ami Robin, quel bon métier!

LES GAULOIS ET LES FRANCS.
JANVIER 1814.

Air : Gai! gai! marions-nous.

Gai! gai! serrons nos rangs,
    Espérance
    De la France;
Gai! gai! serrons nos rangs;
En avant, Gaulois et Francs!

D'Attila suivant la voix,
    Le barbare
    Qu'elle égare
Vient une seconde fois
Périr dans les champs gaulois.

Gai! gai! serrons nos rangs,
    Espérance
    De la France;
Gai! gai! serrons nos rangs;
En avant, Gaulois et Francs!

Renonçant à ses marais,
    Le Cosaque
    Qui bivouaque,
Croit, sur la foi des Anglais,
Se loger dans nos palais.

  Gai! gai! serrons nos rangs,
    Espérance
    De la France;
  Gai! gai! serrons nos rangs;
En avant, Gaulois et Francs!

Le Russe, toujours tremblant
    Sous la neige
    Qui l'assiège,
Las de pain noir et de gland,
Veut manger notre pain blanc.

  Gai! gai! serrons nos rangs,
    Espérance
    De la France;
  Gai! gai! serrons nos rangs;
En avant, Gaulois et Francs!

Ces vins que nous amassons
    Pour les boire
    A la victoire,
Seraient bus par des Saxons!
Plus de vin, plus de chansons!

  Gai! gai! serrons nos rangs,
      Espérance
      De la France;
  Gai! gai! serrons nos rangs;
En avant, Gaulois et Francs!

Pour des Calmouks durs et laids
    Nos filles
    Sont trop gentilles,
Nos femmes ont trop d'attraits.
Ah! que leurs fils soient Français!

  Gai! gai! serrons nos rangs,
      Espérance
      De la France;
  Gai! gai! serrons nos rangs;
En avant, Gaulois et Francs!

Quoi! ces monuments chéris,
>Histoire
>De notre gloire,
S'écrouleraient en débris!
Quoi! les Prussiens à Paris!

>Gai! gai! serrons nos rangs,
>>Espérance
>>De la France;
>Gai! gai! serrons nos rangs;
>En avant, Gaulois et Francs!

Nobles Francs et bons Gaulois,
>La paix si chère
>A la terre
Dans peu viendra sous vos toits
Vous payer de tant d'exploits.

>Gai! gai! serrons nos rangs,
>>Espérance
>>De la France;
>Gai! gai! serrons nos rangs;
>En avant, Gaulois et Francs!

FRÉTILLON.

Air : Ma commère, quand je danse.

Francs amis des bonnes filles,
Vous connaissez Frétillon :
Ses charmes aux plus gentilles
Ont fait baisser pavillon.
 Ma Frétillon, (*bis*)
  Cette fille
  Qui frétille,
N'a pourtant qu'un cotillon.

Deux fois elle eut équipage,
Dentelles et diamants,
Et deux fois mit tout en gage
Pour quelques fripons d'amants.
 Ma Frétillon, (*bis*)
  Cette fille
  Qui frétille,
Reste avec un cotillon.

7.

Point de dame qui la vaille :
Cet hiver, dans son taudis,
Couché presque sur la paille,
Mes sens étaient engourdis.
    Ma Frétillon, (*bis*)
      Cette fille
      Qui frétille,
Mit sur moi son cotillon.

Mais que vient-on de m'apprendre ?
Quoi ! le peu qui lui restait,
Frétillon a pu le vendre
Pour un fat qui la battait !
    Ma Frétillon, (*bis*)
      Cette fille
      Qui frétille,
A vendu son cotillon.

En chemise, à la croisée,
Il lui faut tendre ses lacs.
A travers la toile usée,
Amour lorgne ses appas.
    Ma Frétillon, (*bis*)
      Cette fille

Qui frétille,
Est si bien sans cotillon!

Seigneurs, banquiers et notaires
La feront encor briller;
Puis encor des mousquetaires
Viendront la déshabiller.
　　Ma Frétillon, (bis)
　　　Cette fille
　　　Qui frétille,
Mourra sans un cotillon.

UN TOUR DE MAROTTE.

CHANSON CHANTÉE AUX SOUPERS DE MOMUS.

Air : La marmotte a mal aux pieds.

Que Momus, dieu des bons couplets,
  Soit l'ami d'Épicure.
Je veux porter ses chapelets
  Pendus à ma ceinture.
    Payant tribut
    A l'attribut
  De sa gaîté falote,
    De main en main,
    Jusqu'à demain,
  Passons-nous la marotte.

La marotte au sceptre des rois
  Oppose sa puissance :
Momus en donne sur les doigts
  Du grand que l'on encense.

Gaîment frappons
Sots et fripons
En casque, en mitre, en cotte.
De main en main
Jusqu'à demain,
Passons-nous la marotte.

Qu'un fat soit l'aigle des salons;
Qu'un docteur sente l'ambre;
Qu'un valet change ses galons
Sans changer d'antichambre;
Paris, enclin
Au trait malin,
Grace à nous, les ballotte.
De main en main,
Jusqu'à demain,
Passons-nous la marotte.

Mais de la marotte, à sa cour,
La beauté veut qu'on use;
C'est un des hochets de l'Amour,
Et Vénus s'en amuse.
Son joyeux bruit
Souvent séduit

L'actrice et la dévote.
De main en main,
Jusqu'à demain,
Passons-nous la marotte.

Elle s'allie au tambourin
Du dieu de la vendange,
Quand pour guérir le noir chagrin
Coule un vin sans mélange.
Oui, ses grelots
Font à grands flots
Jaillir cet antidote.
De main en main,
Jusqu'à demain,
Passons-nous la marotte.

Point de convives paresseux,
Amis, car il me semble
Que l'amitié bénit tous ceux
Que la marotte assemble;
Jeunes d'esprit
Ensemble on rit,
Puis ensemble on radote.
De main en main,

Jusqu'à demain,
Passons-nous la marotte.

Au bruit des grelots, dans ce lieu,
    Chantez donc votre messe.
L'assistant, le prêtre et le dieu
    Inspirent l'alégresse.
        D'un gai refrain
        A ce lutrin,
Pour qu'on suive la note,
        De main en main,
        Jusqu'à demain,
Passons-nous la marotte.

LA DOUBLE IVRESSE.

Air : Que ne suis-je la fougère !

Je reposais sous l'ombrage,
Quand Nœris vint m'éveiller :
Je crus voir sur son visage
Le feu du desir briller:
Sur son front Zéphire agite
La rose et le pampre vert;
Et de son sein qui palpite
Flotte le voile entr'ouvert.

Un enfant qui suit sa trace
(Son frère, si je l'en crois)
Presse pour remplir sa tasse
Des raisins entre ses doigts.
Tandis qu'à mes yeux la belle
Chante et danse à ses chansons,
L'enfant, caché derrière elle,
Mêle au vin d'affreux poisons.

Nœris prend la tasse pleine,
Y goûte, et vient me l'offrir.
Ah! dis-je, la ruse est vaine :
Je sais qu'on peut en mourir.
Tu le veux, enchanteresse;
Je bois, dussé-je en ce jour
Du vin expier l'ivresse
Par l'ivresse de l'amour.

Mon délire fut extrême :
Mais aussi qu'il dura peu!
Ce n'est plus Nœris que j'aime,
Et Nœris s'en fait un jeu.
De ces ardeurs infidèles
Ce qui reste c'est qu'enfin,
Depuis, à l'amour des belles
J'ai mêlé le goût du vin.

VOYAGE AU PAYS DE COCAGNE.

Air : Contre-danse de la Rosière, *ou* L'ombre s'évapore.

Ah! vers une rive
Où sans peine on vive,
Qui m'aime me suive!
Voyageons gaîment.
Ivre de Champagne,
Je bats la campagne,
Et vois de Cocagne
Le pays charmant.

Terre chérie,
Sois ma patrie :
Qu'ici je rie
Du sort inconstant.
Pour moi tout change :
Bonheur étrange!

Je bois et mange
Sans un sou comptant.

Mon appétit s'ouvre,
Et mon œil découvre
Les portes d'un Louvre
En tourte arrondi;
J'y vois de gros gardes,
Cuirassés de bardes,
Portant hallebardes
De sucre candi.

Bon Dieu! que j'aime
Ce doux système!
Les canons même
De sucre sont faits.
Belles sculptures,
Riches peintures
En confitures,
Ornent les buffets.

Pierrots et Paillasses,
Beaux esprits cocasses,

Charment sur les places
Le peuple ébahi,
Pour qui cent fontaines,
Au lieu d'eaux malsaines,
Versent, toujours pleines,
Le beaune et l'aï.

Des gens enfournent,
D'autres défournent;
Aux broches tournent
Veau, bœuf et mouton.
Des lois de table
L'ordre équitable
De tout coupable
Fait un marmiton.

Dans un palais j'entre,
Et je m'assieds entre
Des grands dont le ventre
Se porte un défi;
Je trouve en ce monde,
Où la graisse abonde,
Vénus toute ronde
Et l'Amour bouffi.

Nul front sinistre;
Propos de cuistre,
Airs de ministre,
N'y sont point permis.
La table est mise,
La chère exquise;
Que l'on se grise.
Trinquons, mes amis!

Mais parlons d'affaires.
Beautés peu sévères,
Qu'au doux bruit des verres
D'un dessert friand,
On chante et l'on dise
Quelque gaillardise
Qui nous scandalise
En nous égayant.

Quand le vin tape
L'époux qu'on drape,
Que sur la nappe
Il s'endort à point;
De femme aimable
Mère intraitable,

Ah ! sous la table
Ne regardez point.

Folle et tendre orgie !
La face rougie,
La panse élargie,
Là, chacun est roi ;
Et quand l'heure invite
A gagner son gîte,
L'on rentre bien vite
Ailleurs que chez soi.

Que de goguettes !
Que d'amourettes !
Jamais de dettes :
Point de nœuds constants.
Entre l'ivresse
Et la paresse,
Notre jeunesse
Va jusqu'à cent ans.

Oui, dans ton empire,
Cocagne, on respire...

Mais, qui vient détruire
Ce rêve enchanteur?
Ami, j'en ai honte;
C'est quelqu'un qui monte
Apporter le compte
Du restaurateur.

LE COMMENCEMENT DU VOYAGE.

CHANSON
CHANTÉE SUR LE BERCEAU D'UN ENFANT NOUVEAU-NÉ.

Air : Vaudeville des Chevilles de Maître Adam.

Voyez, amis, cette barque légère
Qui de la vie essaie encor les flots :
Elle contient gentille passagère ;
Ah ! soyons-en les premiers matelots.
Déja les eaux l'enlèvent au rivage
Que doucement elle fuit pour toujours.
Nous qui voyons commencer le voyage,
Par nos chansons égayons-en le cours.

Déja le Sort a soufflé dans les voiles ;
Déja l'Espoir prépare les agrès,
Et nous promet, à l'éclat des étoiles,
Une mer calme et des vents doux et frais.
Fuyez, fuyez, oiseaux d'un noir présage :
Cette nacelle appartient aux Amours.

Nous qui voyons commencer le voyage,
Par nos chansons égayons-en le cours.

Au mât propice attachant leurs guirlandes,
Oui, les Amours prennent part au travail.
Aux chastes Sœurs on a fait des offrandes,
Et l'Amitié se place au gouvernail.
Bacchus lui-même anime l'équipage,
Qui des Plaisirs invoque le secours.
Nous qui voyons commencer le voyage,
Par nos chansons égayons-en le cours.

Qui vient encor saluer la nacelle?
C'est le Malheur bénissant la Vertu,
Et demandant que du bien fait par elle
Sur cet enfant le prix soit répandu.
A tant de vœux dont retentit la plage,
Sûrs que jamais les dieux ne seront sourds,
Nous qui voyons commencer le voyage,
Par nos chansons égayons-en le cours.

LA MUSIQUE.

Air: La farira dondaine; gai.

Purgeons nos desserts
Des chansons à boire,
Vivent les grands airs
Du Conservatoire!
   Bon!
La farira dondaine,
   Gai!
La farira dondé.

Tout est réchauffé
Aux dîners d'Agathe:
Au lieu de café,
Vite une sonate.
   Bon!
La farira dondaine,
   Gai!
La farira dondé.

L'Opéra toujours
Fait bruit et merveilles;
On y voit les sourds
Boucher leurs oreilles.
 Bon!
La farira dondaine,
 Gai!
La farira dondé.

Acteurs très profonds,
Sujets de disputes,
Messieurs les bouffons,
Soufflez dans vos flûtes.
 Bon!
La farira dondaine,
 Gai!
La farira dondé.

Et vous gens de l'art,
Pour que je jouisse,
Quand c'est du Mozart
Que l'on m'avertisse.
 Bon!
La farira dondaine,

Gai!
La farira dondé.

Nature n'est rien;
Mais on recommande
Goût italien,
Et grace allemande.
Bon!
La farira dondaine,
Gai!
La farira dondé.

Si nous t'enterrons,
Bel art dramatique,
Pour toi nous dirons
La messe en musique.
Bon!
La farira dondaine,
Gai!
La farira dondé.

LES GOURMANDS.

A MESSIEURS LES GASTRONOMES.

Air : Tout le long de la rivière.

Gourmands, cessez de nous donner
La carte de votre dîner :
Tant de gens qui sont au régime
Ont droit de vous en faire un crime.
Et d'ailleurs à chaque repas
D'étouffer ne tremblez-vous pas ?
C'est une mort peu digne qu'on l'admire.
Ah ! pour étouffer, n'étouffons que de rire ;
N'étouffons, n'étouffons que de rire.

La bouche pleine, osez-vous bien
Chanter l'Amour, qui vit de rien ?
A l'aspect de vos barbes grasses,
D'effroi vous voyez fuir les Graces ;
Ou, de truffes en vain gonflés,

9

Près de vos belles vous ronflez.
L'embonpoint même a dû parfois vous nuire.
Ah! pour étouffer, n'étouffons que de rire;
N'étouffons, n'étouffons que de rire.

Vous n'exaltez, maîtres gloutons,
Que la gloire des marmitons :
Méprisant l'auteur humble et maigre
Qui mouille un pain bis de vin aigre,
Vous ne trouvez le laurier bon
Que pour la sauce et le jambon;
Chez des Français quel étrange délire!
Ah! pour étouffer, n'étouffons que de rire;
N'étouffons, n'étouffons que de rire.

Pour goûter à point chaque mets
A table ne causez jamais;
Chassez-en la plaisanterie :
Trop de gens, dans notre patrie,
De ses charmes étaient imbus;
Les bons mots ne sont qu'un abus;
Pourtant, messieurs, permettez-nous d'en dire.
Ah! pour étouffer, n'étouffons que de rire;
N'étouffons, n'étouffons que de rire.

Français, dînons pour le dessert :
L'Amour y vient, Philis le sert :
Le bouchon part, l'esprit petille ;
La Décence même y babille,
Et par la Gaîté, qui prend feu,
Se laisse coudoyer un peu.
Chantons alors l'aï qui nous inspire.
Ah! pour étouffer, n'étouffons que de rire;
N'étouffons, n'étouffons que de rire.

MA DERNIÈRE CHANSON
PEUT-ÊTRE.

FIN DE JANVIER 1814.

Air : Eh quoi! vous sommeillez encore (de *Fanchon*)?

Je n'eus jamais d'indifférence
Pour la gloire du nom français.
L'étranger envahit la France,
Et je maudis tous ses succès.
Mais, bien que la douleur honore,
Que servira d'avoir gémi?
Puisqu'ici nous rions encore,
Autant de pris sur l'ennemi!

Quand plus d'un brave aujourd'hui tremble,
Moi, poltron, je ne tremble pas.
Heureux que Bacchus nous rassemble
Pour trinquer à ce gai repas!
Amis, c'est le dieu que j'implore;
Par lui mon cœur est affermi.

Buvons gaîment, buvons encore :
Autant de pris sur l'ennemi !

Mes créanciers sont des corsaires
Contre moi toujours soulevés.
J'allais mettre ordre à mes affaires,
Quand j'appris ce que vous savez.
Gens que l'avarice dévore,
Pour votre or soudain j'ai frémi.
Prêtez-m'en donc, prêtez encore :
Autant de pris sur l'ennemi !

Je possède jeune maîtresse,
Qui va courir bien des dangers.
Au fond je crois que la traîtresse
Desire un peu les étrangers.
Certains excès que l'on déplore
Ne l'épouvantent qu'à demi.
Mais cette nuit me reste encore :
Autant de pris sur l'ennemi !

Amis, s'il n'est plus d'espérance,
Jurons, au risque du trépas,

Que pour l'ennemi de la France
Nos voix ne résonneront pas.
Mais il ne faut point qu'on ignore
Qu'en chantant le cygne a fini.
Toujours Français, chantons encore :
Autant de pris sur l'ennemi!

ÉLOGE DES CHAPONS.

Air : Ah ! le bel oiseau, maman !

Pour ma part, moi, j'en réponds,
    Oui, poulettes,
    Oui, coquettes,
Pour ma part, moi, j'en réponds ;
Bienheureux sont les chapons !

Exempts du tendre embarras
Qui maigrit l'espèce humaine,
Comme ils sont dodus et gras
Ces bons citoyens du Maine !

Pour ma part, moi, j'en réponds,
    Oui, poulettes,
    Oui, coquettes,
Pour ma part, moi, j'en réponds ;
Bienheureux sont les chapons !

Qui d'eux, troublé nuit et jour,
Fut jaloux jusqu'à la rage?
Leur faut-il contre l'amour
Recourir au mariage?

Pour ma part, moi, j'en réponds,
    Oui, poulettes,
    Oui, coquettes,
Pour ma part, moi, j'en réponds;
Bienheureux sont les chapons!

Plusieurs, pour la forme, ont pris
Une compagne gentille:
J'en sais qui sont bons maris,
Qui même ont de la famille.

Pour ma part, moi, j'en réponds,
    Oui, poulettes,
    Oui, coquettes,
Pour ma part, moi, j'en réponds;
Bienheureux sont les chapons!

Modérés dans leurs desirs,
Jamais ces gens, que j'estime,

N'ont pour fruit de leurs plaisirs
Les remords ou le régime.

Pour ma part, moi, j'en réponds,
    Oui, poulettes,
    Oui, coquettes,
Pour ma part, moi, j'en réponds;
Bienheureux sont les chapons!

Or, messieurs, examinons
Notre sort auprès des belles.
Que de mal nous nous donnons
Pour tromper des infidèles!

Pour ma part, moi, j'en réponds,
    Oui, poulettes,
    Oui, coquettes,
Pour ma part, moi, j'en réponds;
Bienheureux sont les chapons!

C'est mener un train d'enfer,
Quelque agrément qu'on y trouve;
D'ailleurs on n'est pas de fer,
Et Dieu sait comme on le prouve.

Pour ma part, moi, j'en réponds,
   Ouï, poulettes,
   Oui, coquettes,
Pour ma part, moi, j'en réponds;
Bienheureux sont les chapons!

En dépit d'un faux honneur,
Prenons donc un parti sage.
Faisons tous notre bonheur :
Allons, messieurs, du courage!

Pour ma part, moi, j'en réponds,
   Oui, poulettes,
   Oui, coquettes,
Pour ma part, moi, j'en réponds;
Bienheureux sont les chapons!

Assez de monde concourt
A propager notre espèce.
Coupons, morbleu! coupons court
Aux erreurs de la jeunesse.

Pour ma part, moi, j'en réponds,
   Oui, poulettes,

Oui, coquettes,
Pour ma part, moi, j'en réponds;
Bienheureux sont les chapons!

LE BON FRANÇAIS.
MAI 1814.

CHANSON
CHANTÉE DEVANT DES AIDES-DE-CAMP DE L'EMPEREUR ALEXANDRE.

Air : J'ons un curé patriote.

J'aime qu'un Russe soit Russe,
Et qu'un Anglais soit Anglais.
Si l'on est Prussien en Prusse,
En France soyons Français.
Lorsqu'ici nos cœurs émus
Comptent des Français de plus [1],
  Mes amis, mes amis,
Soyons de notre pays,
Oui, soyons de notre pays.

Charles-Quint portait envie
A ce roi plein de valeur [2]

---

[1] Il est nécessaire de rappeler que M. le comte d'Artois avait dit : « Il n'y a rien de changé en France ; il n'y a qu'un Français de plus. »

[2] François Ier.

Qui s'écriait à Pavie :
Tout est perdu, fors l'honneur !
Consolons par ce mot-là
Ceux que le nombre accabla.
 Mes amis, mes amis,
Soyons de notre pays,
Oui, soyons de notre pays.

Louis, dit-on, fut sensible[1]
Aux malheurs de ces guerriers
Dont l'hiver le plus terrible
A seul flétri les lauriers.
Près des lis qu'ils soutiendront,
Ces lauriers reverdiront.
 Mes amis, mes amis,
Soyons de notre pays,
Oui, soyons de notre pays.

Enchaîné par la souffrance,
Un roi fatal aux Anglais[2]

---

[1] Les journaux du temps racontèrent que, sur une lettre du roi, l'empereur Alexandre avait promis de renvoyer en France tous les prisonniers faits sur nous dans la malheureuse campagne de Russie.
[2] Charles V, dit le Sage.

A jadis sauvé la France
Sans sortir de son palais.
On sait, quand il le faudra,
Sur qui Louis s'appuira[1].
  Mes amis, mes amis,
Soyons de notre pays,
Oui, soyons de notre pays.

Redoutons l'anglomanie,
Elle a déja gâté tout.
N'allons point en Germanie
Chercher les régles du goût.
N'empruntons à nos voisins
Que leurs femmes et leurs vins.
  Mes amis, mes amis,
Soyons de notre pays,
Oui, soyons de notre pays.

Notre gloire est sans seconde :
Français, où sont nos rivaux ?
Nos plaisirs charment le monde,
Éclairé par nos travaux.

[1] Le roi avait dit à Saint-Ouen, aux maréchaux Masséna, Mortier, Lefèvre, Ney, etc., qu'il s'appuierait sur eux.

Qu'il nous vienne un gai refrain,
Et voilà le monde en train!
Mes amis, mes amis,
Soyons de notre pays,
Oui, soyons de notre pays.

En servant notre patrie,
Où se fixent pour toujours
Les plaisirs et l'industrie,
Les beaux-arts et les amours,
Aimons, Louis le permet,
Tout ce qu'Henri-Quatre aimait.
Mes amis, mes amis,
Soyons de notre pays,
Oui, soyons de notre pays.

LA GRANDE ORGIE.

Air : Vive le vin de Ramponneau !

Le vin charme tous les esprits :
  Qu'on le donne
   Par tonne.
Que le vin pleuve dans Paris,
Pour voir les gens les plus aigris
   Gris.

  Non, plus d'accès
   Aux procès ;
Vidons, joyeux Français,
Nos caves renommées.
  Qu'un censeur vain
   Croie en vain
Fuir le pouvoir du vin,
Et s'enivre aux fumées.

Le vin charme tous les esprits :
  Qu'on le donne

Par tonne.
Que le vin pleuve dans Paris,
Pour voir les gens les plus aigris
Gris.

Graves auteurs,
Froids rhéteurs,
Tristes prédicateurs,
Endormeurs d'auditoires;
Gens à pamphlets,
A couplets,
Changez en gobelets
Vos larges écritoires.

Le vin charme tous les esprits :
Qu'on le donne
Par tonne.
Que le vin pleuve dans Paris,
Pour voir les gens les plus aigris
Gris.

Loin du fracas
Des combats,
Dans nos vins délicats

Mars a noyé ses foudres.
>Gardiens de nos
>>Arsenaux,
>Cédez-nous les tonneaux
>Où vous mettiez vos poudres.

Le vin charme tous les esprits :
>Qu'on le donne
>>Par tonne.
>Que le vin pleuve dans Paris,
>Pour voir les gens les plus aigris
>>Gris.

>Nous qui courons
>>Les tendrons,
>De Cythère environs
>Les colombes légères.
>>Oiseaux chéris
>>De Cypris,
>Venez, malgré nos cris,
>Boire au fond de nos verres.

Le vin charme tous les esprits :
>Qu'on le donne

Par tonne.
Que le vin pleuve dans Paris;
Pour voir les gens les plus aigris
Gris.

L'or a cent fois
Trop de poids.
Un essaim de grivois,
Buvant à leurs mignonnes,
Trouve au total
Ce cristal
Préférable au métal
Dont on fait les couronnes.

Le vin charme tous les esprits :
Qu'on le donne
Par tonne.
Que le vin pleuve dans Paris,
Pour voir les gens les plus aigris
Gris.

Enfants charmants
De mamans
Qui des grands sentiments

Banniront la folie,
  Nos fils bien gros,
   Bien dispos,
Naîtront parmi les pots,
Le front taché de lie.

Le vin charme tous les esprits :
   Qu'on le donne
    Par tonne.
Que le vin pleuve dans Paris,
Pour voir les gens les plus aigris
    Gris.

  Fi d'un honneur
   Suborneur !
Enfin du vrai bonheur
  Nous porterons les signes.
   Les rois boiront
    Tous en rond ;
  Les lauriers serviront
  D'échalas à nos vignes.

Le vin charme tous les esprits :
   Qu'on le donne

Par tonne.
Que le vin pleuve dans Paris,
Pour voir les gens les plus aigris
Gris.

Raison, adieu!
Qu'en ce lieu
Succombant sous le dieu
Objet de nos louanges,
Bien ou mal mis,
Tous amis,
Dans l'ivresse endormis,
Nous rêvions les vendanges!

Le vin charme tous les esprits :
Qu'on le donne
Par tonne.
Que le vin pleuve dans Paris,
Pour voir les gens les plus aigris
Gris.

LE JOUR DES MORTS.

Air: Mirliton.

(Les deux premiers vers de l'air sont doublés.)

Amis, entendez les cloches
Qui par leurs sons gémissants
Nous font de bruyants reproches
Sur nos rires indécents.
Il est des ames en peine,
Dit le prêtre intéressé :
C'est le jour des morts, mirliton, mirlitaine;
Requiescant in pace!

Qu'en ce jour la poésie
Sème les tombeaux de fleurs;
Qu'à nos yeux l'hypocrisie
Les arrose de ses pleurs.
Je chante au sort qui m'entraîne
Sur les traces du passé :

C'est le jour des morts, mirliton, mirlitaine;
Requiescant in pace!

    Méchants, redoutez les diables :
    Mais qu'il soit un paradis
    Pour les filles charitables,
    Pour les buveurs francs amis;
    Que saint Pierre aux gens sans haine
    Ouvre d'un air empressé.
C'est le jour des morts, mirliton, mirlitaine;
Requiescant in pace!

    Le souvenir de nos pères
    Nous doit-il mettre en souci?
    Ils ont ri de leurs misères;
    Des nôtres rions aussi.
    Lise n'est point inhumaine;
    Mon flacon n'est point cassé.
C'est le jour des morts, mirliton, mirlitaine;
Requiescant in pace!

    Je ne veux point qu'on me pleure,
    Moi, le boute-en-train des fous.

Puissè-je, à ma dernière heure,
Voir nos fils plus gais que nous!
Qu'ils chantent à perdre haleine,
Sur le bord du grand fossé :
C'est le jour des morts, mirliton, mirlitaine;
Requiescant in pace!

REQUÊTE

PRÉSENTÉE

PAR LES CHIENS DE QUALITÉ,

POUR OBTENIR QU'ON LEUR RENDE L'ENTRÉE LIBRE
AU JARDIN DES TUILERIES.

JUIN 1814.

Air: Faut d'la vertu, pas trop n'en faut.

Puisque le tyran est à bas,
Laissez-nous prendre nos ébats. } *bis.*

Aux maîtres des cérémonies
Plaise ordonner que, dès demain,
Entrent sans laisse aux Tuileries
Les chiens du faubourg Saint-Germain.

Puisque le tyran est à bas,
Laissez-nous prendre nos ébats.

Des chiens dont le pavé se couvre
Distinguez-nous à nos colliers.
On sent que les honneurs du Louvre
Iraient mal à ces roturiers.

Puisque le tyran est à bas,
Laissez-nous prendre nos ébats.

Quoique toujours sous son empire
L'usurpateur nous ait chassés,
Nous avons laissé sans mot dire
Aboyer tous les gens pressés.

Puisque le tyran est à bas,
Laissez-nous prendre nos ébats.

Quand sur son règne on prend des notes,
Grace pour quelques chiens félons!
Tel qui long-temps lécha ses bottes
Lui mord aujourd'hui les talons.

Puisque le tyran est à bas,
Laissez-nous prendre nos ébats.

En attrapant mieux que des puces,
On a vu carlins et bassets
Caresser Allemands et Russes
Couverts encor du sang français.

Puisque le tyran est à bas,
Laissez-nous prendre nos ébats.

Qu'importe que, sûr d'un gros lucre,
L'Anglais dise avoir triomphé?
On nous rend le morceau de sucre;
Les chats reprennent leur café.

Puisque le tyran est à bas,
Laissez-nous prendre nos ébats.

Quand nos dames reprennent vite
Les barbes et le caraco,
Quand on refait de l'eau bénite,
Remettez-nous *in statu quo.*

Puisque le tyran est à bas,
Laissez-nous prendre nos ébats.

Nous promettons, pour cette grace,
Tous, hors quelques barbets honteux,
De sauter pour les gens en place,
De courir sur les malheureux.

Puisque le tyran est à bas,
Laissez-nous prendre nos ébats.

LA CENSURE.

CHANSON
QUI COURUT MANUSCRITE AU MOIS D'AOUT 1814.

Air : Qu'est-ce qu'ça m'fait à moi ?

Que, sous le joug des libraires,
On livre encor nos auteurs
Aux censeurs, aux inspecteurs,
Rats-de-cave littéraires ;
　Riez-en avec moi.
　　Ah ! pour rire
　　Et pour tout dire,
　Il n'est besoin, ma foi,
D'un privilége du roi !

L'état ayant plus d'un membre
Que la presse eût fait trembler,
Qu'on ait craint son franc parler
Dans la chambre et l'antichambre ;
　Riez-en avec moi.

Ah! pour rire
Et pour tout dire,
Il n'est besoin, ma foi,
D'un privilège du roi!

Que cette chambre sensée
Laisse avec soumission
Sortir la procession
Et renfermer la pensée;
Riez-en avec moi.
Ah! pour rire
Et pour tout dire,
Il n'est besoin, ma foi,
D'un privilège du roi.

Qu'un censeur bien tyrannique
De l'esprit soit le geôlier,
Et qu'avec son prisonnier
Jamais il ne communique;
Riez-en avec moi.
Ah! pour rire
Et pour tout dire,
Il n'est besoin, ma foi,
D'un privilège du roi!

Quand déja l'on n'y voit guère,
Quand on a peine à marcher,
En feignant de la moucher,
Qu'on éteigne la lumière;
　Riez-en avec moi.
　　Ah! pour rire
　　Et pour tout dire,
　Il n'est besoin, ma foi,
D'un privilége du roi!

Qu'un ministre qui s'irrite
Quand on lui fait la leçon
Lise tout bas ma chanson,
Qui lui parvient manuscrite;
　Riez-en avec moi.
　　Ah! pour rire
　　Et pour tout dire,
　Il n'est besoin, ma foi,
D'un privilége du roi!

BEAUCOUP D'AMOUR.

Musique de M. B. Wilhem.

Malgré la voix de la sagesse,
Je voudrais amasser de l'or :
Soudain aux pieds de ma maîtresse
J'irais déposer mon trésor ;
Adèle, à ton moindre caprice
Je satisferais chaque jour.
Non, non, je n'ai point d'avarice,
Mais j'ai beaucoup, beaucoup d'amour.

Pour immortaliser Adèle,
Si des chants m'étaient inspirés,
Mes vers, où je ne peindrais qu'elle,
A jamais seraient admirés.
Puissent ainsi dans la mémoire
Nos deux noms se graver un jour !
Je n'ai point l'amour de la gloire,
Mais j'ai beaucoup, beaucoup d'amour.

Que la Providence m'élève
Jusqu'au trône éclatant des rois ;
Adèle embellira ce rêve :
Je lui céderai tous mes droits.
Pour être plus sûr de lui plaire,
Je voudrais me voir une cour.
D'ambition je n'en ai guère,
Mais j'ai beaucoup, beaucoup d'amour.

Mais quel vain desir m'importune ?
Adèle comble tous mes vœux.
L'éclat, le renom, la fortune,
Moins que l'amour rendent heureux.
A mon bonheur je puis donc croire,
Et du sort braver le retour !
Je n'ai ni bien, ni rang, ni gloire,
Mais j'ai beaucoup, beaucoup d'amour.

LES BOXEURS, ou L'ANGLOMANE.

AOUT 1814.

Air : A coups d'pied, à coups d'poing.

Quoique leurs chapeaux soient bien laids,
God dam ! moi j'aime les Anglais :
Ils ont un si bon caractère !
Comme ils sont polis ! et sur-tout
Que leurs plaisirs sont de bon goût !
  Non, chez nous, point,
 Point de ces coups de poing
Qui font tant d'honneur à l'Angleterre.

Voilà des boxeurs à Paris :
Courons vite ouvrir des paris,
Et même par-devant notaire.
Ils doivent se battre un contre un ;
Pour des Anglais c'est peu commun.
  Non, chez nous, point,

Point de ces coups de poing
Qui font tant d'honneur à l'Angleterre.

En scène d'abord admirons
La grace de ces deux lurons,
Grace qui jamais ne s'altère.
De la halle on dirait deux forts :
Peut-être ce sont des milords.
 Non, chez nous, point,
Point de ces coups de poing
Qui font tant d'honneur à l'Angleterre.

Çà, mesdames, qu'en pensez-vous?
C'est à vous de juger les coups.
Quoi! ce spectacle vous atterre?
Le sang jaillit... battez des mains.
Dieux! que les Anglais sont humains!
 Non, chez nous, point,
Point de ces coups de poing
Qui font tant d'honneur à l'Angleterre.

Anglais! il faut vous suivre en tout,
Pour les lois, la mode, et le goût,

Même aussi pour l'art militaire.
Vos diplomates, vos chevaux,
N'ont pas épuisé nos bravos.
Non, chez nous, point,
Point de ces coups de poing
Qui font tant d'honneur à l'Angleterre.

LE TROISIÈME MARI.

CHANSON AVEC ACCOMPAGNEMENT DE GESTES.

Air : Ah ! ah ! qu'elle est bien !

Malheureuse avec deux maris,
Au troisième enfin je commande.
Jean est grondeur, mais je m'en ris ;
Il est tout petit, je suis grande.
Sitôt qu'il fait un peu de bruit,
Je lui mets son bonnet de nuit.
   Vli, vlan, taisez-vous,
Lui dis-je, ou que je vous entende...
   Vli, vlan, taisez-vous...
Je me venge de deux époux.

Six mois après des nœuds si doux,
Et les affaires arrangées,
J'en eus deux filles, qu'entre nous
De trois mois l'on dit plus âgées.

Au baptême Jean fit du train,
Car Léandre était le parrain.
　Vli, vlan, taisez-vous,
Jean, vous n'aurez point de dragées.
　Vli, vlan, taisez-vous;
Je me venge de deux époux.

Léandre me fait lui prêter
De l'argent, qu'il rend Dieu sait comme!
Jean, qui travaille et sait compter,
S'aperçoit qu'on touche à sa somme.
Hier il dit qu'on l'a volé;
Moi, du trésor je prends la clé.
　Vli, vlan, taisez-vous;
Plus d'argent pour vous, petit homme!
　Vli, vlan, taisez-vous;
Je me venge de deux époux.

Léandre un soir était chez moi :
A neuf heures mon mari frappe.
Je n'ouvris point, l'on sait pourquoi :
Mais à minuit Léandre échappe.
Il gelait, et Jean morfondu

A la porte avait attendu.
 Vli, vlan, taisez-vous :
Quoi ! monsieur croit-il qu'on l'attrape ?
 Vli, vlan, taisez-vous ;
Je me venge de deux époux.

Mais à mon tour je le surpris
Avec la vieille Pétronille.
D'un doigt de vin il était gris ;
Il la trouvait fraîche et gentille.
Sur ses deux pieds il se dressait,
Et le menton lui caressait.
 Vli, vlan, taisez-vous ;
Vous sentez le vin et la fille :
 Vli, vlan, taisez-vous ;
Je me venge de deux époux.

Jean peut briller entre deux draps,
Malgré sa chétive apparence ;
Léandre fait plus d'embarras,
Mais a beaucoup moins de vaillance.
Lorsque Jean veut se reposer,
S'il me plaît encor d'en user,

Vli, vlan, taisez-vous;
Et vite que l'on recommence:
Vli, vlan, taisez-vous;
Je me venge de deux époux.

VIEUX HABITS! VIEUX GALONS!

ou

RÉFLEXIONS MORALES ET POLITIQUES

D'UN MARCHAND D'HABITS DE LA CAPITALE.

NOVEMBRE 1814.

Air: Vaudeville des Deux Edmond.

Tout marchands d'habits que nous sommes,
Messieurs, nous observons les hommes:
D'un bout du monde à l'autre bout
  L'habit fait tout.
Dans les changements qui surviennent,
Les dépouilles nous appartiennent:
Toujours en grand nous calculons.
  Vieux habits! vieux galons!

Parfois en lisant la gazette,
Comme tant d'autres, je regrette

Que tout Français n'ait pas gardé
L'habit brodé.
Mais j'en crois ceux qui s'y connaissent;
Les anciens préjugés renaissent:
On va quitter les pantalons.
Vieux habits! vieux galons!

Les modes et la politique
Ont cent fois rempli ma boutique;
Combien on doit à leurs travaux
D'habits nouveaux!
Quand de nos déesses civiques
On met en oubli les tuniques,
Aux passants nous les rappelons.
Vieux habits! vieux galons!

Un temps fameux par cent batailles
Mit du galon sur bien des tailles;
De galon même étaient couverts
Les habits verts [1].
Mais sans le bonheur point de gloire!
Nous seuls, après chaque victoire,

[1] La livrée impériale, vert et or.

Nous avions ce que nous voulons.
   Vieux habits! vieux galons!

Nous trouvons aussi notre compte
Avec tous les gens qui sans honte
Savent, dans un retour subit,
   Changer d'habit.
Les valets, troupe chamarrée,
Troquant aujourd'hui leur livrée,
Que d'habits bleus[1] nous étalons!
   Vieux habits! vieux galons!

Les défenseurs de nos grands-pères,
Sortant de leurs nobles repaires,
Reprennent enfin à leur tour
   L'habit de cour.
Chez nous retrouvant leurs costumes,
Avec talons rouges et plumes,
Ils vont régner dans les salons.
   Vieux habits! vieux galons!

Sans nul égard pour nos scrupules,
Si la foule des incrédules

[1] La livrée royale.

Mit au nombre de ses larcins
    L'habit des saints,
Au nez de plus d'un philosophe
Je vais en revendre l'étoffe :
De piété nous redoublons.
    Vieux habits! vieux galons!

Long-temps vantés dans chaque ouvrage,
Des grands, qu'aujourd'hui l'on outrage,
Portent au fond de leurs manoirs
    Des habits noirs.
Mais, grace à nous, vont reparaître
Ces manteaux qu'eux-mêmes peut-être
Trouvaient bien pesants et bien longs.
    Vieux habits! vieux galons!

De m'enrichir j'ai l'assurance :
L'on fêtera toujours en France,
En ville, au théâtre, à la cour,
    L'habit du jour.
Gens vêtus d'or et d'écarlate,
Pendant un mois chacun vous flatte ;
Puis à vos portes nous allons.
    Vieux habits! vieux galons!

LE NOUVEAU DIOGENE.

AVRIL 1815.

Air: Bon voyage, cher Dumollet.

Diogène,
Sous ton manteau,
Libre et content, je ris et bois sans gêne.
Diogène,
Sous ton manteau,
Libre et content, je roule mon tonneau.

Dans l'eau, dit-on, tu puisas ta rudesse;
Je n'en bois pas, et, censeur plus joyeux,
En moins d'un mois, pour loger ma sagesse,
J'ai mis à sec un tonneau de vin vieux.

Diogène,
Sous ton manteau,
Libre et content, je ris et bois sans gêne.

Diogène,
Sous ton manteau,
Libre et content, je roule mon tonneau.

Où je suis bien, aisément je séjourne;
Mais comme nous les dieux sont inconstants :
Dans mon tonneau, sur ce globe qui tourne,
Je tourne avec la fortune et le temps.

Diogène,
Sous ton manteau,
Libre et content, je ris et bois sans gêne.
Diogène,
Sous ton manteau,
Libre et content, je roule mon tonneau.

Pour les partis dont cent fois j'osai rire
Ne pouvant être un utile soutien,
Devant ma tonne on ne viendra pas dire :
Pour qui tiens-tu, toi qui ne tiens à rien?

Diogène,
Sous ton manteau,
Libre et content, je ris et bois sans gêne.

Diogène,
Sous ton manteau,
Libre et content, je roule mon tonneau.

J'aime à fronder les préjugés gothiques
Et les cordons de toutes les couleurs;
Mais, étrangère aux excès politiques,
Ma *Liberté* n'a qu'un chapeau de fleurs.

Diogène,
Sous ton manteau,
Libre et content, je ris et bois sans gêne.
Diogène,
Sous ton manteau,
Libre et content, je roule mon tonneau.

Qu'en un congrès, se partageant le monde,
Des potentats soient trompeurs ou trompés,
Je ne vais point demander à la ronde
Si de ma tonne ils se sont occupés.

Diogène,
Sous ton manteau,
Libre et content, je ris et bois sans gêne.

Diogène,
Sous ton manteau,
Libre et content, je roule mon tonneau.

N'ignorant pas où conduit la satire,
Je fuis des cours le pompeux appareil :
Des vains honneurs trop enclin à médire,
Auprès des rois je crains pour mon soleil.

Diogène,
Sous ton manteau,
Libre et content, je ris et bois sans gêne.
Diogène,
Sous ton manteau,
Libre et content, je roule mon tonneau.

Lanterne en main, dans l'Athènes moderne
Chercher un homme est un dessein fort beau :
Mais quand le soir voit briller ma lanterne,
C'est qu'aux amours elle sert de flambeau.

Diogène,
Sous ton manteau,
Libre et content, je ris et bois sans gêne.

Diogène,
Sous ton manteau,
Libre et content, je roule mon tonneau.

Exempt d'impôt, déserteur de phalange,
Je suis pourtant assez bon citoyen :
Si les tonneaux manquaient pour la vendange,
Sans murmurer je prêterais le mien.

Diogène,
Sous ton manteau,
Libre et content, je ris et bois sans gêne.
Diogène,
Sous ton manteau,
Libre et content, je roule mon tonneau.

LE MAITRE D'ÉCOLE.

Air: Pan, pan, pan.

Ah! le mauvais garnement!
Sans respect il sort des bornes.
Je n'ai dormi qu'un moment,
Et voilà son rudiment.
Zon, zon, zon, zon, zon, zon, zon!
Le coquin m'en fait des cornes.
Zon, zon, zon, zon, zon, zon, zon!
Le fouet, petit polisson!

Il a fait pis que cela
Pour m'échauffer les oreilles :
L'autre jour il me vola
Du vin que je cachais là.
Zon, zon, zon, zon, zon, zon, zon!
Il m'en a bu deux bouteilles!

Zon, zon, zon, zon, zon, zon, zon!
Le fouet, petit polisson!

Chez elle, quand le matin
Ma femme est à sa toilette,
Je sais que le libertin
Quitte écriture et latin.
Zon, zon, zon, zon, zon, zon, zon!
Par la serrure il la guette.
Zon, zon, zon, zon, zon, zon, zon!
Le fouet, petit polisson!

A ma fille il fait l'amour,
Et joue avec la friponne.
Je l'ai surpris l'autre jour,
Maître d'école à son tour.
Zon, zon, zon, zon, zon, zon, zon!
Rendant ce que je lui donne.
Zon, zon, zon, zon, zon, zon, zon!
Le fouet, petit polisson!

De le frapper je suis las;
Mais dans ses dents monsieur gronde.

Dieu! ne prononce-t-il pas
Le mot de c... tout bas?
Zon, zon, zon, zon, zon, zon, zon!
Il n'est plus d'enfants au monde.
Zon, zon, zon, zon, zon, zon, zon!
Le fouet, petit polisson!

LE CÉLIBATAIRE.

CHANSON DE NOCE
CHANTÉE AU MARIAGE DE MON AMI B. WILHEM.

Air: Eh! le cœur à la danse.

Du célibat fidèle appui,
 Je vois avec colère
L'Amour essuyer aujourd'hui
 Les larmes de son frère.
 Graces, talents, et vertus,
 Ont droit à mille tributs.
 Mais un célibataire
Ne peut chanter des nœuds si doux :
 On n'aura rien à faire
 Chez de pareils époux.

Monsieur prend femme, c'est fort bien,
 Il la prend jeune et belle :
Mais, comptant ses amis pour rien,
 Monsieur la prend fidèle.

Il faudra dans cinquante ans
Célébrer leurs feux constants.
　Non, tout célibataire
Ne peut chanter des nœuds si doux :
　On n'aura rien à faire
　Chez de pareils époux.

Morbleu! qui n'aurait de l'humeur
　En pensant que madame
De monsieur fera le bonheur,
　Bien qu'elle soit sa femme?
Jours de paix et nuits d'amour;
Le diable y perdra son tour.
　Non, tout célibataire
Ne peut chanter des nœuds si doux·
　On n'aura rien à faire
　Chez de pareils époux.

Encor si l'Amour avait pris
　Une dîme en cachette!
Mais le plus heureux des maris,
　En quittant sa couchette,
　Demain se pavanera,
　Et les mains se frottera...

Non, tout célibataire
Ne peut chanter des nœuds si doux :
On n'aura rien à faire
Chez de pareils époux.

TRINQUONS.

Air: La Catacoua.

Trinquer est un plaisir fort sage
Qu'aujourd'hui l'on traite d'abus.
Quand du mépris d'un tel usage
Les gens du monde sont imbus,
De le suivre, amis, faisons gloire,
Riant de qui peut s'en moquer;
   Et pour choquer,
   Nous provoquer,
Le verre en main, en rond nous attaquer,
D'abord nous trinquerons pour boire,
Et puis nous boirons pour trinquer.

A table croyez que nos pères
N'enviaient point le sort des rois,
Et qu'au fragile éclat des verres
Ils le comparaient quelquefois.
A voix pleine ils chantaient Grégoire,

Docteur que l'on peut expliquer;
  Et pour choquer,
  Se provoquer,
Le verre en main, tous en rond s'attaquer,
 Nos bons aïeux trinquaient pour boire,
 Et puis ils buvaient pour trinquer.

 L'Amour alors près de nos mères,
 Faisant chorus, battant des mains,
 Rapprochait les cœurs et les verres,
 Enivrait avec tous les vins.
 Aussi n'a-t-on pas la mémoire
 Qu'une belle ait voulu manquer,
  Pour bien choquer,
  A provoquer,
Le verre en main, chacun à l'attaquer :
 D'abord elle trinquait pour boire,
 Puis elle buvait pour trinquer.

 Qu'on boive aux maîtres de la terre,
 Qui n'en boivent pas plus gaîment;
 Je veux, libre par caractère,
 Boire à mes amis seulement.
 Malheur à ceux dont l'humeur noire

S'obstine à ne point remarquer
Que pour choquer,
Se provoquer,
Le verre en main, tous en rond s'attaquer,
L'amitié, qui trinque pour boire,
Boit bien plus encor pour trinquer!

PRIÈRE D'UN ÉPICURIEN.

COUPLET ÉCRIT AUX CATACOMBES LE JOUR OÙ S'Y RENDIRENT
LES MEMBRES DU CAVEAU.

Air: Ce magistrat irréprochable.

Du champ que ton pouvoir féconde,
Vois la Mort trancher les épis;
Amour, réparateur du monde,
Réveille les cœurs assoupis.
A l'horreur qui nous environne
Oppose le besoin d'aimer;
Et si la Mort toujours moissonne,
Ne te lasse pas de semer.

LES INFIDÉLITÉS DE LISETTE.

Air: Ermite, bon Ermite.

Lisette, dont l'empire
S'étend jusqu'à mon vin,
J'éprouve le martyre
D'en demander en vain.
Pour souffrir qu'à mon âge
Les coups me soient comptés,
Ai-je compté, volage,
Tes infidélités?

Lisette, ma Lisette,
Tu m'as trompé toujours:
Mais vive la grisette!
Je veux, Lisette,
Boire à nos amours.

Lindor, par son audace,
Met ta ruse en défaut;

Il te parle à voix basse,
Il soupire tout haut.
Du tendre espoir qu'il fonde
Il m'instruisit d'abord.
De peur que je n'en gronde,
Verse au moins jusqu'au bord.

Lisette, ma Lisette,
Tu m'as trompé toujours :
Mais vive la grisette!
  Je veux, Lisette,
  Boire à nos amours.

Avec l'heureux Clitandre
Lorsque je te surpris,
Vous comptiez d'un air tendre
Les baisers qu'il t'a pris.
Ton humeur peu sévère
En comptant les doubla ;
Remplis encor mon verre
Pour tous ces baisers-là.

Lisette, ma Lisette,
Tu m'as trompé toujours :

Mais vive la grisette!
　Je veux, Lisette,
　Boire à nos amours.

Mondor, qui toujours donne
Et rubans et bijoux,
Devant moi te chiffonne
Sans te mettre en courroux.
J'ai vu sa main hardie
S'égarer sur ton sein;
Verse jusqu'à la lie
Pour un si grand larcin.

Lisette, ma Lisette,
Tu m'as trompé toujours :
Mais vive la grisette!
　Je veux, Lisette,
　Boire à nos amours.

Certain soir je pénètre
Dans ta chambre, et sans bruit
Je vois par la fenêtre
Un voleur qui s'enfuit.
Je l'avais, dès la veille,

Fait fuir de ton boudoir.
Ah! qu'une autre bouteille
M'empêche de tout voir!

Lisette, ma Lisette,
Tu m'as trompé toujours :
Mais vive la grisette!
　Je veux, Lisette,
　Boire à nos amours.

Tous, comblés de tes grâces,
Mes amis sont les tiens,
Et ceux dont tu te lasses,
C'est moi qui les soutiens.
Qu'avec ceux-là, traîtresse,
Le vin me soit permis :
Sois toujours ma maîtresse,
Et gardons nos amis.

Lisette, ma Lisette,
Tu m'as trompé toujours :
Mais vive la grisette!
　Je veux, Lisette,
　Boire à nos amours.

LA CHATTE.

Air: La petite Cendrillon.

Tu réveilles ta maîtresse,
Minette, par tes longs cris.
Est-ce la faim qui te presse?
Entends-tu quelque souris?
Tu veux fuir de ma chambrette,
Pour courir je ne sais où.
Mia-mia-ou! que veut minette?
Mia-mia-ou! c'est un matou.

Pour toi je ne puis rien faire;
Cesse de me caresser.
Sur ton mal l'amour m'éclaire:
J'ai quinze ans, j'y dois penser.
Je gémis d'être seulette
En prison sous le verrou.

Mia-mia-ou! que veut minette?
Mia-mia-ou! c'est un matou.

Si ton ardeur est extrême,
Même ardeur vient me brûler;
J'ai certain voisin que j'aime,
Et que je n'ose appeler.
Mais pourquoi, sur ma couchette,
Rêver à ce jeune fou?
Mia-mia-ou! que veut minette?
Mia-mia-ou! c'est un matou.

C'est toi, chatte libertine,
Qui mets le trouble en mon sein.
Dans la mansarde voisine
Du moins réveille Valsain.
C'est peu qu'il presse en cachette
Et ma main et mon genou.
Mia-mia-ou! que veut minette?
Mia-mia-ou! c'est un matou.

Mais je vois Valsain paraître!
Par les toits il vient ici.

Vite, ouvrons-lui la fenêtre :
Toi, minette, passe aussi.
Lorsqu'enfin mon cœur se prête
Aux larcins de ce filou,
Mia-mia-ou! que ma minette,
Mia-mia-ou! trouve un matou.

ADIEUX DE MARIE STUART.

Musique de M. B. Wilhem.

Adieu, charmant pays de France,
    Que je dois tant chérir!
Berceau de mon heureuse enfance,
Adieu! te quitter c'est mourir.

Toi que j'adoptai pour patrie,
Et d'où je crois me voir bannir,
Entends les adieux de Marie,
France, et garde son souvenir.
Le vent souffle, on quitte la plage,
Et, peu touché de mes sanglots,
Dieu, pour me rendre à ton rivage,
Dieu n'a point soulevé les flots!

Adieu, charmant pays de France,
    Que je dois tant chérir!
Berceau de mon heureuse enfance,
Adieu! te quitter c'est mourir.

Lorsqu'aux yeux du peuple que j'aime
Je ceignis les lis éclatants,
Il applaudit au rang suprême
Moins qu'aux charmes de mon printemps.
En vain la grandeur souveraine
M'attend chez le sombre Écossais;
Je n'ai desiré d'être reine
Que pour régner sur des Français.

Adieu, charmant pays de France,
　Que je dois tant chérir!
Berceau de mon heureuse enfance,
Adieu! te quitter c'est mourir.

L'amour, la gloire, le génie,
Ont trop enivré mes beaux jours;
Dans l'inculte Calédonie
De mon sort va changer le cours.
Hélas! un présage terrible
Doit livrer mon cœur à l'effroi:
J'ai cru voir, dans un songe horrible,
Un échafaud dressé pour moi.

Adieu, charmant pays de France,
　Que je dois tant chérir!

Berceau de mon heureuse enfance,
Adieu! te quitter c'est mourir.

France, du milieu des alarmes,
La noble fille des Stuarts,
Comme en ce jour qui voit ses larmes,
Vers toi tournera ses regards.
Mais, Dieu! le vaisseau trop rapide
Déja vogue sous d'autres cieux;
Et la nuit, dans son voile humide,
Dérobe tes bords à mes yeux!

Adieu, charmant pays de France,
    Que je dois tant chérir!
Berceau de mon heureuse enfance,
Adieu! te quitter c'est mourir.

LES PARQUES.

Air: Elle aime à rire, elle aime à boire.

Sages et fous, gueux et monarques,
Apprenez un fait tout nouveau :
Bacchus a vidé son caveau
Pour remplir la coupe des Parques.
C'est afin de plaire aux Amours,
Qui chantaient d'une voix sonore :
Que tout mortel ajoute encore
Des jours heureux à ses beaux jours!

Du monde éternelle ennemie,
Atropos, au fatal ciseau,
Buvant à longs traits et sans eau,
Sur la table tombe endormie;
Mais ses deux sœurs filent toujours,
Souriant à qui les implore.

Que tout mortel ajoute encore
Des jours heureux à ses beaux jours!

Lachésis, remplissant sa tasse,
S'écrie : Atropos dort enfin!
Mais trop sec, hélas! et trop fin,
Je crains que mon fil ne se casse.
Pour le tremper ayons recours
A ce nectar qui me restaure.
Que tout mortel ajoute encore
Des jours heureux à ses beaux jours!

Garnissant sa quenouille immense,
Clotho lui dit : Oui, travaillons;
De vin arrosons les sillons
Où de mon lin croît la semence.
Cette rosée aura toujours
Le pouvoir de la faire éclore.
Que tout mortel ajoute encore
Des jours heureux à ses beaux jours!

Quand ces Parques, vidant bouteille,
Filent nos jours sans nul souci,

Nous qui buvons gaîment ici,
Craignons qu'Atropos ne s'éveille.
Qu'elle dorme au gré des Amours,
Et répétons à chaque aurore :
Que tout mortel ajoute encore
Des jours heureux à ses beaux jours!

LA BOUTEILLE VOLÉE.

Air: La fête des bonnes gens.

Sans bruit, dans ma retraite,
Hier l'Amour pénétra,
Courut à ma cachette,
Et de mon vin s'empara.
Depuis lors ma voix sommeille;
Adieu tous mes joyeux sons.
Amour, rends-moi ma bouteille,
Ma bouteille et mes chansons.

Iris, dame et coquette,
A ce larcin l'a poussé.
Je n'ai plus la recette
Qui soulage un cœur blessé.
C'est pour gémir que je veille,
En proie aux jaloux soupçons.

Amour, rends-moi ma bouteille,
Ma bouteille et mes chansons.

Épicurien aimable,
A verser frais m'invitant,
Un vieil ami de table
Me tend son verre en chantant;
Un autre vient à l'oreille
Me demander des leçons.
Amour, rends-moi ma bouteille,
Ma bouteille et mes chansons.

Tant qu'Iris eut contre elle
Ce bon vin si regretté,
Grisette folle et belle
Tenait mon cœur en gaîté.
Lison n'a point sa pareille
Pour vivre avec des garçons.
Amour, rends-moi ma bouteille,
Ma bouteille et mes chansons.

Mais le filou se livre:
Joyeux, il vient à ma voix;

De mon vin il est ivre,
Et n'en a bu que deux doigts.
Qu'Iris soit une merveille,
Je me ris de ses façons :
Amour me rend ma bouteille,
Ma bouteille et mes chansons.

BOUQUET

A UNE DAME AGÉE DE SOIXANTE-DIX ANS, LE JOUR
DE SAINTE-MARGUERITE.

AIR : La Catacoua.

Laissons la musique nouvelle ;
Notre amie est du bon vieux temps.
Sur un air aussi simple qu'elle
Chantons des couplets bien chantants.
L'esprit du jour a son mérite,
Mais c'est surtout lui que je crains :
　　Ses traits si fins
　　Me semblent vains,
Pour les entendre il faudrait des devins.
　Amis, chantons à Marguerite
　De vieux airs et de gais refrains.

Elle a chanté dans sa jeunesse
Ces couplets comme on n'en fait plus,
Où Favart peignait la tendresse,

Où Panard frondait les abus.
Contre l'humeur qui nous irrite,
Quels antidotes souverains !
    Leurs vers badins,
    Francs et malins,
Aux moins joyeux faisaient battre des mains.
  Ah! rappelons à Marguerite
Leurs vieux airs et leurs gais refrains.

C'est un charme que la mémoire :
On se répète jeune ou vieux.
Les refrains forment notre histoire ;
Il faut tâcher qu'ils soient joyeux.
Amusons le temps qui trop vite
Entraîne les pauvres humains ;
    Et les destins
    Sur nos festins
Faisant briller des jours longs et sereins,
  Que dans trente ans pour Marguerite
Nos couplets soient de gais refrains !

A table alors venant nous rendre,
Tous, le front ridé par les ans,
Dans une accolade bien tendre

Nous mêlerons nos cheveux blancs.
Les souvenirs naîtront bien vite;
Nos cœurs émus en seront pleins.
Moments divins!
Les noirs chagrins
Fuyant au bruit des transports les plus saints,
Sur les cent ans de Marguerite
Nous chanterons de gais refrains!

L'HOMME RANGÉ.

Air: Eh! lon lon la, landerirette.

Maint vieux parent me répète
Que je mange ce que j'ai.
Je veux à cette sornette
Répondre en homme rangé :
    Quand on n'a rien,
    Landerirette,
On ne saurait manger son bien.

Faut-il que je m'inquiète
Pour quelques frais superflus?
Si ma conscience est nette,
Ma bourse l'est encor plus.
    Quand on n'a rien,
    Landerirette,
On ne saurait manger son bien.

Un gourmand dans son assiette
Fond le bien de ses aïeux;

Mon hôte à crédit me traite;
J'ai bonne chère et vin vieux.
    Quand on n'a rien,
    Landerirette,
On ne saurait manger son bien.

Que Dorval, à la roulette,
A tout son or dise adieu :
J'y joûrais bien en cachette;
Mais il faudrait mettre au jeu...
    Quand on n'a rien,
    Landerirette,
On ne saurait manger son bien.

Mondor, pour une coquette,
Se ruine en dons coûteux;
C'est pour rien que ma Lisette
Me trompe et me rend heureux.
    Quand on n'a rien,
    Landerirette,
On ne saurait manger son bien.

BON VIN ET FILLETTE.

Air: Ma tante Urlurette.

L'Amour, l'amitié, le vin,
Vont égayer ce festin;
Nargue de toute étiquette!
  Turlurette,
  Turlurette,
Bon vin et fillette!

L'Amour nous fait la leçon :
Partout ce dieu sans façon
Prend la nappe pour serviette.
  Turlurette,
  Turlurette,
Bon vin et fillette!

Que dans l'or mangent les grands,
Il ne faut à deux amants
Qu'un seul verre, qu'une assiette.

Turlurette,
Turlurette,
Bon vin et fillette!

Sur un trône est-on heureux?
On ne peut s'y placer deux :
Mais vivent table et couchette!
Turlurette,
Turlurette,
Bon vin et fillette!

Si Pauvreté qui nous suit
A des trous à son habit,
De fleurs ornons sa toilette.
Turlurette,
Turlurette,
Bon vin et fillette!

Mais que dis-je? Ah! dans ce cas,
Mettons plutôt habit bas;
Lise en paraîtra mieux faite.
Turlurette,
Turlurette,
Bon vin et fillette!

LE VOISIN.

Air : Eh! qu'est-ce que ça m' fait à moi?

Je veux, voisin et voisine,
Quitter le ton libertin;
J'ai pour oncle un sacristain,
Et pour sœur une béguine.
　Mais le diable est bien fin;
Qu'en dites-vous, ma voisine?
　Mais le diable est bien fin;
Qu'en dites-vous, mon voisin?

Paul, docteur en médecine,
Craint pour le fil de nos jours,
Que le vin et les amours
N'usent trop tôt la bobine :
　Eh! fi du médecin;
Qu'en dites-vous, ma voisine?
　Eh! fi du médecin;
Qu'en dites-vous, mon voisin?

L'embonpoint de Joséphine
Fait demander ce que c'est;
Moi, je crois que son corset
Lui rend la taille moins fine.
 C'est l'effet du basin;
Qu'en dites-vous, ma voisine?
 C'est l'effet du basin;
Qu'en dites-vous, mon voisin?

Mademoiselle Justine
Met au monde un gros poupon :
L'un dit que c'est un dragon,
L'autre un soldat de marine.
 Je le crois fantassin;
Qu'en dites-vous, ma voisine?
 Je le crois fantassin;
Qu'en dites-vous, mon voisin?

Depuis peu chez ma cousine,
Qui jeûnait en carnaval,
Je vois certain cardinal,
Et trouve bonne cuisine :
 Serait-il mon cousin?
Qu'en dites-vous, ma voisine?

Serait-il mon cousin?
Qu'en dites-vous, mon voisin?

Une actrice qu'on devine
Veut, pour plaire à dix rivaux,
Inventer des coups nouveaux
Au doux jeu qui les ruine:
  C'est un fort beau dessein;
Qu'en dites-vous, ma voisine?
  C'est un fort beau dessein;
Qu'en dites-vous, mon voisin?

Faut-il qu'une affreuse épine
Se mêle aux fleurs de Cypris!
Pour ce poison de Paris
Que n'est-il une vaccine!
  Cela serait divin;
Qu'en dites-vous, ma voisine?
  Cela serait divin;
Qu'en dites-vous, mon voisin?

D'aucun mal, je l'imagine,
Notre quartier n'est frappé·

Là point de mari trompé,
Point de femme libertine.
 C'est un quartier fort sain;
Qu'en dites-vous, ma voisine?
 C'est un quartier fort sain;
Qu'en dites-vous, mon voisin?

LE CARILLONNEUR.

Air : Mon système est d'aimer le bon vin.

Digue, digue, dig, din, dig, din, don.
    Ah! que j'aime
  A sonner un baptême!
Aux maris j'en demande pardon.
Dig, din, don, din, digue, digue, don.

Les décès m'ont assez fait connaître ;
Préludons sur un ton plus heureux.
D'un vieillard l'héritier vient de naître.
Sonnons fort: c'est un fait scandaleux.

Digue, digue, dig, din, dig, din, don.
    Ah! que j'aime
  A sonner un baptême!
Aux maris j'en demande pardon.
Dig, din, don, din, digue, digue, don.

La maman est gaillarde et jolie:
Mais l'époux est triste et catarrheux;
Sur son compte il sait ce qu'on publie.
Sonnons fort: il n'est pas généreux.

Digue, digue, dig, din, dig, din, don.
  Ah! que j'aime
  A sonner un baptême!
Aux maris j'en demande pardon.
Dig, din, don, din, digue, digue, don.

De l'enfant quel peut être le père?
N'est-ce pas mon voisin le banquier?
Les cadeaux mènent vite une affaire.
Sonnons fort: il est gros marguillier.

Digue, digue, dig, din, dig, din, don.
  Ah! que j'aime
  A sonner un baptême!
Aux maris j'en demande pardon.
Dig, din, don, din, digue, digue, don.

Si j'osais, je dirais que le maire
S'est créé ce petit échevin;

Je l'ai vu chiffonner la commère.
Sonnons fort : je boirai de son vin.

Digue, digue, dig, din, dig, din, don,
  Ah! que j'aime
 A sonner un baptême!
Aux maris j'en demande pardon.
Dig, din, don, din, digue, digue, don.

Je crois bien que notre grand vicaire
Aura mis le doigt au bénitier.
Depuis peu ma fille a su lui plaire.
Sonnons fort, pour l'honneur du métier.

Digue, digue, dig, din, dig, din, don.
  Ah! que j'aime
 A sonner un baptême!
Aux maris j'en demande pardon.
Dig, din, don, din, digue, digue, don.

Notre gouverneur a, je le pense,
Prélevé des droits sur ce terrain;
Dans l'église il vient donner quittance.
Sonnons fort : monseigneur est parrain.

Digue, digue, dig, din, dig, din, don.
  Ah! que j'aime
 A sonner un baptême!
Aux maris j'en demande pardon.
Dig, din, don, din, digue, digue, don.

Plus facile à nommer que ton père,
Cher enfant, quel bonheur infini!
Je suis sûr de te voir plus d'un frère.
Sonnons fort: et que Dieu soit béni!

Digue, digue, dig, din, dig, din, don.
  Ah! que j'aime
 A sonner un baptême!
Aux maris j'en demande pardon.
Dig, din, don, din, digue, digue, don.

LA VIEILLESSE.
A MES AMIS.

Air de la Pipe de tabac.

Nous verrons le temps qui nous presse
Semer les rides sur nos fronts;
Quoi qu'il nous reste de jeunesse,
Oui, mes amis, nous vieillirons.
Mais à chaque pas voir renaître
Plus de fleurs qu'on n'en peut cueillir;
Faire un doux emploi de son être,
Mes amis, ce n'est pas vieillir.

En vain nous égayons la vie
Par le champagne et les chansons;
A table, où le cœur nous convie,
On nous dit que nous vieillissons.
Mais jusqu'à sa dernière aurore
En buvant frais s'épanouir,
Même en tremblant chanter encore,
Mes amis, ce n'est pas vieillir.

Brûlons-nous pour une coquette
Un encens d'abord accueilli,
Bientôt peut-être elle répète
Que nous n'avons que trop vieilli.
Mais vivre en tout d'économie,
Moins prodiguer et mieux jouir,
D'une amante faire une amie,
Mes amis, ce n'est pas vieillir.

Si long-temps que l'on entretienne
Le cours heureux des passions,
Puisqu'il faut qu'enfin l'âge vienne,
Qu'ensemble au moins nous vieillissions.
Chasser du coin qui nous rassemble
Les maux prêts à nous assaillir,
Arriver au but tous ensemble,
Mes amis, ce n'est pas vieillir.

LES BILLETS D'ENTERREMENT.

CHANSON DE NOCE.

Air : C'est un lanlu, landerirette.

Notre alégresse est trop vive ;
Amis, pendant nos ébats,
Sachez qu'un joli convive
Sent approcher son trépas.
Faut-il qu'à la fleur de l'âge
Il ait ce pressentiment !
Tous nos billets de mariage
Sont des billets d'enterrement.

Il sait que l'Amour le guette
Pour se venger aujourd'hui
D'une querelle secrète
Qu'il eut vingt fois avec lui :
Rien que d'y penser je gage
Qu'il meurt presque en ce moment.

Tous nos billets de mariage
Sont des billets d'enterrement.

Bientôt il prendra la fuite,
En tremblant se cachera;
Mais l'Amour, à sa poursuite,
Dans son réduit l'atteindra.
L'un pousse un trait plein de rage,
L'autre un long gémissement.
Tous nos billets de mariage
Sont des billets d'enterrement.

Par pitié l'Amour hésite;
Mais enfin, moins généreux,
Du trait que l'obstacle irrite
Il lui porte un coup affreux.
Dans son sang le pauvret nage;
Adieu donc, défunt charmant!
Tous nos billets de mariage
Sont des billets d'enterrement.

On versera quelques larmes
Que le plaisir essuîra;

Mais, pour l'honneur de ses armes,
Le vainqueur en parlera.
Car, mes amis, dans notre âge,
En dépit du sacrement,
Peu de billets de mariage
Sont des billets d'enterrement.

LA DOUBLE CHASSE.

Air: Tonton, tontaine, tonton.

Allons, chasseur, vite en campagne;
Du cor n'entends-tu pas le son?
Tonton, tonton, tontaine, tonton.
Pars, et qu'auprès de ta compagne
L'Amour chasse dans ta maison.
Tonton, tontaine, tonton.

Avec nombreuse compagnie,
Chasseur, tu parcours le canton.
Tonton, tonton, tontaine, tonton.
Auprès de ta femme jolie
Combien de braconniers voit-on!
Tonton, tontaine, tonton.

Du cerf prêt à forcer l'enceinte,
Chasseur, tu fais le fanfaron.
Tonton, tonton, tontaine, tonton.

Auprès de ta femme, sans crainte,
Se glisse un chasseur franc luron.
    Tonton, tontaine, tonton.

Chasseur, par ta meute surprise,
La bête pleure; on lui répond :
Tonton, tonton, tontaine, tonton.
Ta femme, aux abois déjà mise,
Sourit aux efforts du fripon.
    Tonton, tontaine, tonton.

Chasseur, un seul coup de ton arme
Met bas le cerf sur le gazon.
Tonton, tonton, tontaine, tonton.
L'amant, pour ta moitié qu'il charme,
Use de la poudre à foison.
    Tonton, tontaine, tonton.

Chasseur, tu rapportes la bête,
Et de ton cor enfles le son.
Tonton, tonton, tontaine, tonton.
L'amant quitte alors sa conquête,
Et le cerf entre à la maison.
    Tonton, tontaine, tonton.

LES PETITS COUPS.

Air : Tout ça passe en même temps.

Maîtres de tous nos desirs,
Réglons-les sans les contraindre :
Plus l'excès nuit aux plaisirs,
Amis, plus nous devons le craindre.
Autour d'une petite table,
Dans ce petit coin fait pour nous,
Du vin vieux d'un hôte aimable
Il faut boire (*ter*) à petits coups.

Pour éviter bien des maux,
Veut-on suivre ma recette,
Que l'on nage entre deux eaux,
Et qu'entre deux vins l'on se mette.
Le bonheur tient au savoir-vivre :
De l'abus naissent les dégoûts ;

Trop à-la-fois nous enivre ;
Il faut boire (*ter*) à petits coups.

Loin d'en murmurer en vain,
Égayons notre indigence :
Il suffit d'un doigt de vin
Pour réconforter l'espérance.
Et vous, que flatte un sort prospère,
Pour en jouir, modérez-vous ;
Car, même dans un grand verre,
Il faut boire (*ter*) à petits coups.

Philis, quel est ton effroi ?
La leçon te déplaît-elle ?
Les petits coups, selon toi,
Sentent le buveur qui chancelle.
Quel que soit le desir qui perce
Dans tes yeux, vifs comme tes goûts,
Du filtre qu'Amour te verse
Il faut boire (*ter*) à petits coups.

Oui, de repas en repas,
Pour atteindre à la vieillesse,

Ne nous incommodons pas,
Et soyons fous avec sagesse.
Amis, le bon vin que le nôtre!
Et la santé, quel bien pour tous!
Pour ménager l'un et l'autre,
Il faut boire (*ter*) à petits coups.

ÉLOGE DE LA RICHESSE.

Air du vaudeville d'Arlequin cruello.

La richesse, que des frondeurs
   Dédaignent, et pour cause,
Quand elle vient sans les grandeurs,
   Est bonne à quelque chose.
Loin de les rendre à ton Crésus,
Va boire avec ses cent écus,
   Savetier, mon compère.
Pour moi, qu'il m'arrive un trésor;
Que dans mes mains pleuve de l'or,
     De l'or,
     De l'or,
Et j'en fais mon affaire!

Je souris à la pauvreté,
   Et j'ignore l'envie :
Pourquoi perdrai-je ma gaîté
   Dans une douce vie?

Maison, jardin, livres, tableaux,
Large voiture et bons chevaux,
 Pourraient-ils me déplaire?
Quand mes vœux prendraient plus d'essor,
Que dans mes mains pleuve de l'or,
  De l'or,
  De l'or,
 Et j'en fais mon affaire!

Bonjour, Mondor, riche voisin.
 Ta maîtresse est jolie;
Son œil est noir, son esprit fin,
 Et sa taille accomplie.
J'atteste sa fidélité;
Mais que peut contre sa fierté
 L'amour d'un pauvre hère?
Pour te l'enlever, cher Mondor,
Que dans mes mains pleuve de l'or,
  De l'or,
  De l'or,
 Et j'en fais mon affaire!

Le vin s'aigrit dans mon gosier
 Chez un traiteur maussade;

Mais à sa table un financier
   Me verse-t-il rasade;
Combien, dis-je, ces bons vins blancs?
On me répond : Douze cents francs.
   Par ma foi, ce n'est guère.
En Champagne on en trouve encor :
Que dans mes mains pleuve de l'or,
     De l'or,
     De l'or,
   Et j'en fais mon affaire!

A partager dès aujourd'hui,
   Amis, je vous invite.
Nous saurions tous, en cas d'ennui,
   Me ruiner bien vite.
Manger rentes et capitaux,
Équipages, terres, châteaux,
   Serait gai, je l'espère.
Ah! pour voir la fin d'un trésor,
Que dans mes mains pleuve de l'or,
     De l'or,
     De l'or,
   Et j'en fais mon affaire!

LA PRISONNIÈRE ET LE CHEVALIER.

ROMANCE DE CHEVALERIE.

GENRE A LA MODE.

Air à faire.

« Ah! s'il passait un chevalier
« Dont le cœur fût tendre et fidèle,
« Et qu'il triomphât du geôlier
» Qui me retient dans la tourelle,
» Je bénirais ce chevalier. »

Par-là passait un chevalier
A l'honneur, à l'amour fidèle :
« Dame, dit-il, quel dur geôlier
« Vous retient dans cette tourelle?
« Est-il prélat ou chevalier? »

« C'est mon époux, bon chevalier,
« Qui veut que je lui sois fidèle,

« Et qui me laisse, en vieux geôlier,
« Coucher seule dans la tourelle.
« Délivrez-moi, bon chevalier. »

Soudain le jeune chevalier,
A qui son bon ange est fidèle,
Trompe les regards du geôlier,
Et pénètre dans la tourelle.
Honneur, honneur au chevalier !

La prisonnière au chevalier
Fait promettre un amour fidèle,
Puis se venge de son geôlier
Sur le grabat de la tourelle.
Soyez heureux, beau chevalier !

Alors et dame et chevalier,
Sautant sur un coursier fidèle,
Vont au nez du mari-geôlier
Jeter les clefs de la tourelle.
Puis, adieu dame et chevalier.

Honneur aux galants chevaliers !
Honneur à leurs dames fidèles !

Contre l'hymen et ses geôliers,
Dans les palais, dans les tourelles,
Dieu protégeait les chevaliers.

LES MARIONNETTES.

Air : La marmotte a mal au pied.

Les marionnettes, croyez-moi,
 Sont les jeux de tout âge :
Depuis l'artisan jusqu'au roi,
 De la ville au village ;
Valets, journalistes, flatteurs,
 Dévotes et coquettes,
Ah! sans compter nos grands acteurs,
 Combien de marionnettes!

L'homme, fier de marcher debout,
 Vante son équilibre :
Parcequ'il court et va par-tout,
 Le pantin se croit libre.
Mais dans combien de mauvais pas
 Sa fortune le jette!

Ah! du destin l'homme ici-bas
　　N'est que la marionnette.

Ce tendron des plus innocents,
　　Que le desir dévore,
Au trouble secret de ses sens
　　Ne conçoit rien encore.
Veiller la nuit, rêver le jour,
　　L'étonne et l'inquiète.
Elle a quinze ans : ah! pour l'amour
　　La bonne marionnette!

Voyez ce mari parisien
　　Que maint galant visite;
Il vous accueille mal ou bien,
　　Vous cherche ou vous évite.
Est-il confiant ou jaloux,
　　A l'air dont il vous traite?
Non : de sa femme un tel époux
　　N'est que la marionnette.

Près des femmes que sommes-nous?
　　Des pantins qu'on ballotte.

Messieurs, sautez, faites les fous
  Au gré de leur marotte!
Le plus lourd et le plus subtil
  Font la danse complète;
Et Dieu pourtant n'a mis qu'un fil
  A chaque marionnette.

LE SCANDALE.

Air : La farira dondaine, gai !

Aux drames du jour
Laissons la morale :
Sans vivre à la cour,
J'aime le scandale.
 Bon !
La farira dondaine,
 Gai !
La farira dondé.

Nargue des vertus !
On n'en sait que faire.
Aux sots revêtus
Le tout est de plaire.
 Bon !
La farira dondaine,
 Gai !
La farira dondé.

De ses contes bleus
L'honneur nous assomme.
C'est un vice ou deux
Qui font l'honnête homme.
　　Bon !
La farira dondaine,
　　Gai !
La farira dondé.

Pour des vins de prix
Vendons tous nos livres ;
C'est peu d'être gris ;
Amis, soyons ivres.
　　Bon !
La farira dondaine,
　　Gai !
La farira dondé.

Grands réformateurs,
Piliers de coulisses,
Chassez les erreurs ;
Nous gardons nos vices.
　　Bon !
La farira dondaine,

Gai!
La farira dondé.

Paix! dit à ce mot
Caton, qui fait rage;
Mais il prêche en sot,
Moi, je ris en sage.
Bon!
La farira dondaine,
Gai!
La farira dondé.

LE DOCTEUR ET SES MALADES.

A MON MÉDECIN, LE JOUR DE SA FÊTE.

Air : Ainsi jadis un grand prophète.

Saluons de maintes rasades
Ce docteur à qui je dois tant.
Mais, pour visiter ses malades,
Je crains qu'il n'échappe à l'instant.
A ces soins son art le condamne,
S'il vient un message ennemi.
Fiévreux, buvez votre tisane ;
Laissez-nous fêter notre ami.

Oui, que ses malades attendent ;
Il est au sein de l'amitié.
Mais vingt jeunes fous le demandent
D'un air qui pourtant fait pitié.
De Vénus amants trop crédules,
Sur leur état qu'ils ont gémi !

Eh! messieurs, prenez des pilules;
Laissez-nous fêter notre ami.

Quoi! ne peut-on venir au monde
Sans l'enlever à ses enfants?
Certaine personne un peu ronde
Réclame ses secours savants.
J'entends ce tendron qui l'appelle :
Les parents même en ont frémi.
N'accouchez pas, mademoiselle;
Laissez-nous fêter notre ami.

Qu'il coule gaîment son automne,
Que son hiver soit encor loin!
Puisse-t-il des soins qu'il nous donne
N'éprouver jamais le besoin!
Puisqu'enfin dans nos embrassades
Il n'est point heureux à demi,
Mourez sans lui, mourez, malades;
Laissez-nous fêter notre ami.

A ANTOINE ARNAULT,

MEMBRE DE L'INSTITUT,

LE JOUR DE SA FÊTE,

ANNÉE 1812.

Air du ballet des Pierrots.

Je viens d' Montmartre avec ma bête
Pour fêter ce maître malin,
Et n' crains point qu'au milieu d' la fête
Un bon mot m' renvoie au moulin.
On dit qu'avec plus d'un génie
Antoin' prend plaisir à cela.
Nous qui n' somm's pas d' l'académie,
Souhaitons-lui d' ces p'tits plaisirs-là.

Il n' s'en tient pas à des saillies ;
Dans plus d'un genre il est heureux.

J' sais mêm' qu'il fait des tragédies
Quand il n'est pas trop paresseux.[1]
De la Merpomène idolâtre
Qu'il fass' mourir par-ci par-là.
Nous qui n' somm's pas d'z héros d' théâtre,
Souhaitons-lui d' ces p'tits plaisirs-là.

On m'assur' qu'il vient d' faire un livre
Où c' qui a du bon : je l' crois bien.
C' docteur-là nous enseigne à vivre
Par la bouch' d'un arbre ou d'un chien.
A messieurs les Polichinelles[2]
Il dit : Vous en voulez, en v'là.
Nous, qui n' tenons pas les ficelles,
Souhaitons-lui d' ces p'tits plaisirs-là.

A la cour il s' moqu'rait, je l' gage,
Mêm' de messieurs les chambellans.
De c' pays n'ayant point l' langage,
Il vant' la paix aux conquérants.

[1] Je crois inutile de rappeler ici les succès dramatiques de l'auteur *Marius*, des *Vénitiens*, etc.

[2] Polichinelle est le héros d'une des plus jolies fables du recueil de M. Arnault, recueil apprécié par tous les gens de goût, et dont la réputation ne peut qu'aller en augmentant.

A d' grands seigneurs qui n' sont pas minces
Sans ramper toujours il parla.
Nous, qu'on n'a pas encor faits princes,
Souhaitons-lui d' ces p'tits plaisirs-là.

Mais, quoiqu' malin, z'il est bon homme;
D'mandez à sa fille, à ses fils.
Ah! qu'il soit toujours aimé comme
Il aime ses nombreux amis!
Que l' secret d' son bonheur suprême
Reste à c'te gross' maman que v'là.
Nous qui sommes d' ceux qu'Antoine aime,
Souhaitons-lui d' ces vrais plaisirs-là.

Nota. On trouvera peut-être que cette chanson, comme beaucoup d'autres des miennes, était peu digne de voir le jour. En effet je ne la livre à l'impression que parcequ'elle m'offre l'occasion de payer un tribut d'éloges à l'un de nos littérateurs les plus distingués. Je regrette qu'elle ne soit pas meilleure, et sur-tout que le ton qui y règne ne m'ait pas permis d'y faire entrer l'expression de ma reconnaissance particulière pour l'homme excellent dont l'amitié me fut si-long-temps utile, et me sera toujours précieuse. (1815.)

LE BEDEAU.

Air : Sens devant derrière, sens dessus dessous.

Pauvre bedeau! métier d'enfer!
La grand'messe aujourd'hui me damne.
Pour me régaler du plus cher,
Au beau coin m'attend dame Jeanne.
Voici l'heure du rendez-vous;
Mais nos prêtres s'endorment tous.
Ah! maudit soit notre curé!
    Je vais, sacristie!
    Manquer la partie.
Jeanne est prête et le vin tiré.
Ite, missa est, monsieur le curé!

Nos enfants de chœur, j'en réponds,
Devinent ce qui me tracasse.
Dépêchez-vous, petits fripons,
Ou vous aurez des coups de masse.
Chantres, c'est du vin à dix sous :
Chantez pour moi comme pour vous.

Mais maudit soit notre curé!
 Je vais, sacristie!
 Manquer la partie.
Jeanne est prête et le vin tiré.
Ite, missa est, monsieur le curé!

 Notre Suisse, alongez le pas;
Sur-tout faites ranger ces dames.
La quête ne finira pas:
Le vicaire lorgne les femmes.
Ah! si la gentille Babet
Pour se confesser l'attendait!
Mais maudit soit notre curé!
 Je vais, sacristie!
 Manquer la partie.
Jeanne est prête et le vin tiré.
Ite, missa est, monsieur le curé!

 Curé, songez à la Saint-Leu:
Ce jour-là vous dîniez en ville.
Quel train vous nous meniez, morbleu!
On passa presque l'Évangile.
En faveur de votre bedeau
Sautez la moitié du *Credo.*

Mais maudit soit notre curé!
Je vais, sacristie!
Manquer la partie.
Jeanne est prête et le vin tiré.
Ite, missa est, monsieur le curé!

ON S'EN FICHE !

Air : Le fleuve d'oubli.

De traverse en traverse,
Tout va dans l'univers
 De travers.
Toute femme est perverse,
Tout traiteur exigeant
 Pour l'argent.
A tout jeu le sort nous triche ;
Mais enfin est-on gris,
 Biribi,
On s'en fiche ! (*ter.*)

Désespoir d'un ivrogne,
Vient un marchand maudit
 Qui vous dit
Qu'en Champagne, en Bourgogne,
Les coteaux sont grêlés
 Et gelés.

A tout jeu le sort nous triche ;
Mais enfin est-on gris,
Biribi,
On s'en fiche! (*ter.*)

Oubliez une dette,
Chez vous entre un huissier
Bien grossier
Qui vend table et couchette,
Et trouve encor de quoi
Pour le roi.
A tout jeu le sort nous triche ;
Mais enfin est-on gris,
Biribi,
On s'en fiche! (*ter.*)

Aucun plaisir n'est stable :
Pour boire est-on assis
Cinq ou six,
Avant vous sous la table
Tombent deux, trois amis
Endormis.
A tout jeu le sort nous triche ;
Mais enfin est-on gris,

Biribi,
  On s'en fiche! (*ter.*)

C'est trop d'une maîtresse :
Que je fus malheureux
   Avec deux!
Que j'eus peu de sagesse
D'en avoir jusqu'à trois
   A-la-fois!
A tout jeu le sort nous triche ;
Mais enfin est-on gris,
   Biribi,
   On s'en fiche! (*ter.*)

De ma misanthropie
Pardonnez les accès
   Et l'excès ;
Car je crains la pépie,
Et je ne vois qu'abus
   Et vins bus.
A tout jeu le sort nous triche ;
Mais enfin est-on gris,
   Biribi,
   On s'en fiche! (*ter.*)

JEANNETTE.

Air:

Fi des coquettes maniérées!
Fi des bégueules du grand ton!
Je préfère à ces mijaurées
Ma Jeannette, ma Jeanneton.

   Jeune, gentille, et bien faite,
   Elle est fraîche et rondelette;
   Son œil noir est petillant.
   Prudes, vous dites sans cesse
   Qu'elle a le sein trop saillant;
   C'est pour ma main qui le presse
   Un défaut bien attrayant.

Fi des coquettes maniérées!
Fi des bégueules du grand ton!
Je préfère à ces mijaurées
Ma Jeannette, ma Jeanneton.

Tout son charme est dans la grace;
Jamais rien ne l'embarrasse :
Elle est bonne, et toujours rit.
Elle dit mainte sottise,
A parler jamais n'apprit;
Et cependant, quoi qu'on dise,
Ma Jeannette a de l'esprit.

Fi des coquettes maniérées!
Fi des bégueules du grand ton!
Je préfère à ces mijaurées
Ma Jeannette, ma Jeanneton.

A table dans une fête,
Cette espiègle me tient tête
Pour les propos libertins.
Elle a la voix juste et pure,
Sait les plus joyeux refrains.
Quand je l'en prie, elle jure;
Elle boit de tous les vins.

Fi des coquettes maniérées!
Fi des bégueules du grand ton!

Je préfère à ces mijaurées
Ma Jeannette, ma Jeanneton.

Belle d'amour et de joie,
Jamais d'une riche soie
Son corsage n'est paré.
Sous une toile proprette
Son triomphe est assuré;
Et, sans nuire à sa toilette,
Je la chiffonne à mon gré.

Fi des coquettes maniérées!
Fi des bégueules du grand ton!
Je préfère à ces mijaurées
Ma Jeannette, ma Jeanneton.

La nuit tout me favorise;
Point de voile qui me nuise,
Point d'inutiles soupirs.
Des deux mains et de la bouche
Elle attise les desirs,
Et rompit vingt fois sa couche
Dans l'ardeur de nos plaisirs.

Fi des coquettes maniérées!
Fi des bégueules du grand ton!
Je préfère à ces mijaurées
Ma Jeannette, ma Jeanneton.

LES ROMANS.

A SOPHIE,

QUI ME PRIAIT DE COMPOSER UN ROMAN POUR LA DISTRAIRE.

Air: J'ai vu par-tout dans mes voyages.

Tu veux que pour toi je compose
Un long roman qui fasse effet.
A tes vœux ma raison s'oppose;
Un long roman n'est plus mon fait.
Quand l'homme est loin de son aurore,
Tous les romans deviennent courts;
Et je ne puis long-temps encore } bis.
Prolonger celui des amours.

Heureux qui peut dans sa maîtresse
Trouver l'amitié d'une sœur!
Des plaisirs je te dois l'ivresse,
Et des tendres soins la douceur.
Des héros, des prétendus sages
Les longs romans, qui font pitié,

Ne vaudront jamais quelques pages
Du doux roman de l'amitié.

Triste roman que notre histoire !
Mais, Sophie, au sein des amours,
De ton destin, j'aime à le croire,
Les plaisirs charmeront le cours.
Ah ! puisses-tu, vive et jolie,
Long-temps te couronner de fleurs,
Et sur le roman de la vie
Ne jamais répandre de pleurs !

TRAITÉ DE POLITIQUE

A L'USAGE DE LISE.

MOIS DE MAI 1815.

Air : Un magistrat irréprochable.

Lise, qui règnes par la grace
Du Dieu qui nous rend tous égaux,
Ta beauté, que rien ne surpasse,
Enchaîne un peuple de rivaux.
Mais si grand que soit ton empire,
Lise, tes amants sont Français ;
De tes erreurs permets de rire,
Pour le bonheur de tes sujets.

Combien les belles et les princes
Aiment l'abus d'un grand pouvoir !
Combien d'amants et de provinces
Poussés enfin au désespoir !
Crains que la révolte ennemie
Dans ton boudoir ne trouve accès ;

Lise, abjure la tyrannie,
Pour le bonheur de tes sujets.

Par excès de coquetterie
Femme ressemble aux conquérants,
Qui vont bien loin de leur patrie
Dompter cent peuples différents.
Ce sont de terribles coquettes !
N'imite pas leurs vains projets.
Lise, ne fais plus de conquêtes,
Pour le bonheur de tes sujets.

Grace aux courtisans pleins de zèle,
On approche des potentats
Moins aisément que d'une belle
Dont un jaloux suit tous les pas.
Mais sur ton lit, trône paisible,
Où le plaisir rend ses décrets,
Lise, sois toujours accessible,
Pour le bonheur de tes sujets.

Lise, en vain un roi nous assure
Que, s'il règne, il le doit aux cieux,
Ainsi qu'à la simple nature
Tu dois de charmer tous les yeux.

Bien qu'en des mains comme les tiennes
Le sceptre passe sans procès,
De nous il faut que tu le tiennes,
Pour le bonheur de tes sujets.

Pour te faire adorer sans cesse,
Mets à profit ces vérités.
Lise, deviens bonne princesse,
Et respecte nos libertés.
Des roses que l'amour moissonne
Ceins ton front tout brillant d'attraits,
Et garde long-temps ta couronne,
Pour le bonheur de tes sujets.

L'OPINION DE CES DEMOISELLES.

MOIS DE MAI 1815.

Air: Nom d'un chien, j'veut être épicurien.

Quoi! c'est donc bien vrai qu'on parie
Qu' l'enn'mi va tout r'mettre chez nous
    Sens sus d'ssous.
L' Palais-Royal, qu'est not' patrie,
    S'en réjouirait;
    Chacun son intérêt.
Aussi point d' fille qui ne crie:
    Viv' nos amis,
    Nos amis les enn'mis!

D' nos Français j' connaissons l's astuces;
Ils n' sont pas aussi bons chrétiens
    Qu' les Prussiens.
Comm' l'argent pleuvait quand les Russes
    F'saient hausser d' prix

Tout' les filles d' Paris!
J' n'avions pas l' temps d' chercher nos puces.
  Viv' nos amis,
 Nos amis les enn'mis!

Mais, puisqu'ils r'vienn't, faut les attendre.
Je r'verrons Bulof, Titchacof,
  Et Platof;
L' bon Saken, dont l' cœur est si tendre,
  Et puis ce cher...
Ce cher monsieur Blücher:
Ils nous donn'ront tout c' qu'ils vont prendre.
  Viv' nos amis,
 Nos amis les enn'mis!

Drès qu' les plum's de coq vont r'paraître,
J' secoûrons, d' façon à l' fair' voir,
  Not' mouchoir.
Quant aux amants, j' dois en r'connaître,
  Ça tomb' sous l' sens,
 Au moins deux ou trois cents.
Pour leurs entré' louons un' fenêtre.
  Viv' nos amis,
 Nos amis les enn'mis!

J' conviens que d' certain's honnêt's femmes
Tout autant qu' nous en ont pincé
    L'an passé,
Et qu' nos cosaqu's, pleins d' leurs bell's flammes,
    Prenaient l' chemin
    Du faubourg Saint-Germain.
Malgré l' tort qu' nous ont fait ces dames,
    Viv' nos amis,
    Nos amis les enn'mis!

Les affair's s'ront bientôt bâclées,
Si j'en crois un vieux libertin
    D' sacristain.
Quand y aurait queuqu's maisons d' brûlées,
    Queuqu's gens d'occis,
    C'est l' cadet d' nos soucis.
Mais j' rirai bien si j' sommes violées.
    Viv' nos amis,
    Nos amis les enn'mis!

L'HABIT DE COUR,

OU

VISITE A UNE ALTESSE.

Air: Allez-vous-en, gens de la noce.

Ne répondez plus de personne,
Je veux devenir courtisan.
Fripier, vite, que l'on me donne
La défroque d'un chambellan.
Un grand prince à moi s'intéresse;
Courons assiéger son séjour.
    Ah! quel beau jour! (*bis.*)
Je vais au palais d'une altesse,
Et j'achète un habit de cour.

Déja, me tirant par l'oreille,
L'ambition hâte mes pas,
Et mon riche habit me conseille

D'apprendre à m'incliner bien bas.
Déja l'on me fait politesse,
Déja l'on m'attend au retour.
  Ah! quel beau jour! (*bis.*)
Je vais saluer une altesse,
Et je porte un habit de cour.

N'ayant point encor d'équipage,
Je pars à pied modestement,
Quand de bons vivants, au passage,
M'offrent un déjeuner charmant.
J'accepte; mais que l'on se presse,
Dis-je à ceux qui me font ce tour.
  Ah! quel beau jour! (*bis.*)
Messieurs, je vais voir une altesse;
Respectez mon habit de cour.

Le déjeuner fait, je m'esquive;
Mais l'un de nos anciens amis
Me réclame, et, joyeux convive,
A sa noce je suis admis.
Nombreux flacons, chants d'alégresse,
De notre table font le tour.

Ah! quel beau jour! (*bis.*)
Pourtant j'allais voir une altesse,
Et j'ai mis un habit de cour!

Enfin, malgré l'aï qui mousse,
J'en veux venir à mon honneur.
Tout en chancelant je me pousse
Jusqu'au palais de monseigneur.
Mais, à la porte où l'on se presse,
Je vois Rose, Rose et l'Amour.
  Ah! quel beau jour! (*bis.*)
Rose, qui vaut bien une altesse,
N'exige point d'habit de cour.

Loin du palais où la coquette
Vient parfois lorgner la grandeur,
Elle m'entraîne à sa chambrette,
Si favorable à notre ardeur.
Près de Rose, je le confesse,
Mon habit me paraît bien lourd.
Ah! quel beau jour! (*bis.*)
Soudain, oubliant son altesse,
J'ai quitté mon habit de cour.

D'une ambition vaine et sotte
Ainsi le rêve disparaît.
Gaîment je reprends ma marotte,
Et m'en retourne au cabaret.
Là je m'endors dans une ivresse
Qui n'a point de fâcheux retour.
  Ah! quel beau jour! (*bis.*)
A qui voudra voir son altesse
Je donne mon habit de cour.

PLUS DE POLITIQUE.

MOIS DE JUILLET 1815.

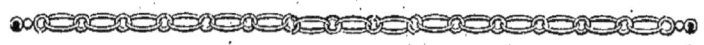

Air: Ce jour-là sous son ombrage.

Ma mie, ô vous que j'adore,
Mais qui vous plaignez toujours
Que mon pays ait encore
Trop de part à mes amours!
Si la politique ennuie,
Même en frondant les abus,
  Rassurez-vous, ma mie;
  Je n'en parlerai plus.

Près de vous, j'en ai mémoire,
Donnant prise à mes rivaux,
Des arts, enfants de la gloire,
Je racontais les travaux.
A notre France agrandie
Ils prodiguaient leurs tributs.
  Rassurez-vous, ma mie;
  Je n'en parlerai plus.

Moi, peureux dont on se raille,
Après d'amoureux combats,
J'osais vous parler bataille
Et chanter nos fiers soldats.
Par eux la terre asservie
Voyait tous ses rois vaincus.
　Rassurez-vous, ma mie;
　Je n'en parlerai plus.

Sans me lasser de vos chaînes,
J'invoquais la liberté;
Du nom de Rome et d'Athènes
J'effrayais votre gaîté.
Quoiqu'au fond je me défie
De nos modernes Titus,
　Rassurez-vous, ma mie;
　Je n'en parlerai plus.

La France, que rien n'égale,
Et dont le monde est jaloux,
Était la seule rivale
Qui fût à craindre pour vous.
Mais, las! j'ai pour ma patrie
Fait trop de vœux superflus.

Rassurez-vous, ma mie;
Je n'en parlerai plus.

Oui, ma mie, il faut vous croire;
Faisons-nous d'obscurs loisirs.
Sans plus songer à la gloire,
Dormons au sein des plaisirs.
Sous une ligue ennemie
Les Français sont abattus.
Rassurez-vous, ma mie;
Je n'en parlerai plus.

MARGOT.

Air : Car c'est une bouteille.

Chantons Margot, nos amours,
Margot leste et bien tournée,
Que l'on peut baiser toujours,
Qui toujours est chiffonnée.
Quoi! l'embrasser? dit un sot.
Oui, c'est l'humeur de Margot.
  Moquons-nous de ce Blaise :
Viens, Margot, viens, qu'on te baise.

D'un lutin c'est tout l'esprit ;
C'est un cœur de tourterelle.
Si le matin elle rit,
Le soir elle vous querelle.
Quoi! se fâcher? dit un sot.
Oui, c'est l'humeur de Margot.
  Voilà comme on l'apaise :
Viens, Margot, viens, qu'on te baise.

Le verre en main, voyez-la;
Comme à table elle babille!
Quel air et quels yeux elle a
Quand le champagne pétille!
Quoi! l'air décent? dit un sot.
Oui, c'est l'humeur de Margot.
   Mets ta pudeur à l'aise:
Viens, Margot, viens, qu'on te baise.

Qu'elle est bien au piano!
Sa voix nous charme et nous touche.
Mais devant un *soprano*
Elle n'ouvre point la bouche.
Quoi! par pitié? dit un sot.
Oui, c'est l'humeur de Margot.
   Ici point d'Albanèse:
Viens, Margot, viens, qu'on te baise.

L'amour, à point la servant,
Fait pour Margot feu qui flambe;
Mais par elle il est souvent
Traité par-dessous la jambe.
Quoi! par-dessous? dit un sot.
Oui, c'est l'humeur de Margot.

Il faut bien qu'il s'y plaise :
Viens, Margot, viens, qu'on te baise.

Margot tremble que l'hymen
De sa main ne se saisisse ;
Car elle tient à sa main,
Qui parfois lui rend service.
Quoi! pour broder? dit un sot.
Oui, c'est l'humeur de Margot.
Que fais-tu sur ta chaise?
Viens, Margot, viens, qu'on te baise.

Point d'éloges incomplets,
S'écrira cette brunette :
A moins de douze couplets,
Au diable une chansonnette !
Quoi! douze ou rien? dit un sot.
Oui, c'est l'humeur de Margot.
Nous t'en promettons treize :
Viens, Margot, viens, qu'on te baise.

A MON AMI DÉSAUGIERS,

PRÉSIDENT DU CAVEAU MODERNE ET DIRECTEUR DU VAUDEVILLE.

1815.

Air de la Catacoua.

Bon Désaugiers, mon camarade,
Mets dans tes poches deux flacons;
Puis rassemble, en versant rasade,
Nos auteurs piquants et féconds.
Ramène-les dans l'humble asile
Où renaît le joyeux refrain.
  Eh! va ton train,
   Gai boute-en-train!
Mets-nous en train, bien en train, tous en train,
 Et rends enfin au Vaudeville
 Ses grelots et son tambourin.

Rends-lui, s'il se peut, le cortège
Qu'à la Foire il a fait briller :

L'ombre de Panard te protège ;
Vadé semble te conseiller.
Fais-nous apparaître à la file
Jusqu'aux enfants de Tabarin.
  Eh ! va ton train,
  Gai boute-en-train !
Mets-nous en train, bien en train, tous en train,
Et rends enfin au Vaudeville
Ses grelots et son tambourin.

Au lieu de fades épigrammes,
Qu'il aiguise un couplet gaillard :
Collé, quoi qu'en disent nos dames,
Est un fort honnête égrillard.
La gaudriole, qu'on exile,
Doit refleurir sur son terrain.
  Eh ! va ton train,
  Gai boute-en-train !
Mets-nous en train, bien en train, tous en train,
Et rends enfin au Vaudeville
Ses grelots et son tambourin.

Malgré messieurs de la police,
Le vaudeville est né frondeur.

Des abus fais ton bénéfice;
Force les grands à la pudeur;
Dénonce tout flatteur servile
A la gaîté du souverain.
  Eh! va ton train,
  Gai boute-en-train!
Mets-nous en train, bien en train, tous en train,
 Et rends enfin au Vaudeville
 Ses grelots et son tambourin.

Sur la scène, où plus à son aise
Avec toi Momus va siéger,
Relève la gaîté française
A la barbe de l'étranger.
La chanson est une arme utile
Qu'on oppose à plus d'un chagrin.
  Eh! va ton train,
  Gai boute-en-train!
Mets-nous en train, bien en train, tous en train,
 Et rends enfin au Vaudeville
 Ses grelots et son tambourin.

Verse, ami, verse donc à boire;
Que nos chants reprennent leur cours.

Il nous faut consoler la gloire;
Il faut rassurer les amours.
Nous cultivons un champ fertile
Qui n'attend qu'un ciel plus serein.
  Eh! va ton train,
  Gai boute-en-train!
Mets-nous en train, bien en train, tous en train,
Et rends enfin au Vaudeville
Ses grelots et son tambourin.

MA VOCATION.

Air: Attendez-moi sous l'orme.

Jeté sur cette boule,
Laid, chétif, et souffrant;
Étouffé dans la foule,
Faute d'être assez grand;
Une plainte touchante
De ma bouche sortit;
Le bon Dieu me dit : Chante,
Chante, pauvre petit! (*bis.*)

Le char de l'opulence
M'éclabousse en passant;
J'éprouve l'insolence
Du riche et du puissant;
De leur morgue tranchante
Rien ne nous garantit.

Le bon Dieu me dit : Chante,
Chante, pauvre petit!

D'une vie incertaine
Ayant eu de l'effroi,
Je rampe sous la chaîne
Du plus modique emploi.
La liberté m'enchante,
Mais j'ai grand appétit.
Le bon Dieu me dit : Chante,
Chante, pauvre petit!

L'Amour, dans ma détresse,
Daigne me consoler;
Mais avec la jeunesse
Je le vois s'envoler.
Près de beauté touchante
Mon cœur en vain pâtit.
Le bon Dieu me dit : Chante,
Chante, pauvre petit!

Chanter, ou je m'abuse,
Est ma tâche ici-bas.

Tous ceux qu'ainsi j'amuse
Ne m'aimeront-ils pas?
Quand un cercle m'enchante,
Quand le vin divertit;
Le bon Dieu me dit: Chante,
Chante, pauvre petit! (bis.)

FIN DU PREMIER VOLUME.

TABLE DES CHANSONS

CONTENUES DANS CE VOLUME.

Notice sur Béranger.	Page v
Sur les Poésies de Béranger.	ix
Préface.	xxv
Conversation entre mon censeur et moi.	xxviij
Le Roi d'Yvetot.	1
La Bacchante.	5
Le Sénateur.	7
L'Académie et le Caveau.	11
La Gaudriole.	14
Roger Bontemps.	17
Parny.	20
Ma Grand'mère.	23
Le Mort vivant.	27
Le Printemps et l'Automne.	30
La Mère aveugle.	33
Le petit Homme gris.	36
La bonne Fille.	39
Ainsi soit-il !	43
L'Éducation des Demoiselles.	46
Madame Grégoire.	49

Charles VII.	Page 52
Mes Cheveux.	54
Les Gueux.	56
Le Coin de l'Amitié.	60
L'Age futur.	62
Le vieux Célibataire.	66
L'Ami Robin.	69
Les Gaulois et les Francs.	73
Frétillon.	77
Un Tour de marotte.	80
La double Ivresse.	84
Voyage au pays de Cocagne.	86
Le commencement du Voyage.	93
La Musique.	94
Les Gourmands.	97
Ma dernière Chanson peut-être.	100
Éloge des Chapons.	103
Le bon Français.	108
La grande Orgie.	112
Le Jour des Morts.	118
Requête présentée par les Chiens de qualité.	121
La Censure.	125
Beaucoup d'amour.	128
Les Boxeurs.	130
Le troisième Mari.	133
Vieux Habits! vieux Galons!	137
Le nouveau Diogène.	141
Le Maître d'école.	146

TABLE.

Le Célibataire.	Page 149
Trinquons.	152
Prière d'un Épicurien.	155
Les Infidélités de Lisette.	156
La Chatte.	160
Adieux de Marie Stuart.	163
Les Parques.	166
La Bouteille volée.	169
Bouquet à une dame âgée de soixante-dix ans.	172
L'Homme rangé.	175
Bon Vin et Fillette.	177
Le Voisin.	179
Le Carillonneur.	183
La Vieillesse.	187
Les Billets d'enterrement.	191
La double Chasse.	192
Les petits Coups.	194
Éloge de la Richesse.	197
La Prisonnière et le Chevalier.	200
Les Marionnettes.	203
Le Scandale.	206
Le Docteur et ses Malades.	209
A Antoine Arnault.	211
Le Bedeau.	214
On s'en fiche!	217
Jeannette.	220
Les Romans.	224
Traité de politique à l'usage de Lise.	226

252   TABLE.

L'Opinion de ces Demoiselles.   Page 229
L'Habit de cour.   232
Plus de politique.   236
Margot.   239
A mon ami Désaugiers.   242
Ma Vocation.   246

FIN DE LA TABLE.

www.ingramcontent.com/pod-product-compliance
Lightning Source LLC
Chambersburg PA
CBHW071131160426
43196CB00011B/1858